KB069552

20대를 위한
연애와 사랑

몰랐던 연애심리, 알아야 할 연애기술

신민주 저

LOVE & LOVE

학지사

프롤로그

그동안 얼마나 많은 사랑을 해 보았나요?

사랑은 사람의 감정을 풍요롭게도 하고 행복하게도 해 줍니다. 하지만 죽도록 사랑했던 상대방으로 인해 죽음의 문턱까지 다다르게 하는 감정들을 경험하기도 합니다.

사랑이라는 단어는 모든 사람에게 같은 감정으로 다가오지는 않겠지요. 현재 자신이 경험하는 사랑의 모습으로 인해 감정의 연결고리가 각각 다르게 작동하니까요. 누군가를 만나고 사랑을 하고 그리고 갈등도 겪다가 결국 이별을 하기도 하지만 그 갈등을 원만하게 해결해서 더 단단한 관계로 나아가기도 하지요.

모든 사람이 행복하게 자신이 원하는 방향으로의 사랑만을 경험하지는 않지요. 이루어질 수 없는 사랑도 있고, 죽이고 싶을 만큼 중오로 남는 사랑도 있고, 아쉬움에 목메어 사무치게 그리운 사랑도 있답니다.

그러나 한 가지, 우리가 세상에 태어나고 이 세상을 떠나는 그날까지 우리는 다양한 사랑을 경험하고 그 사랑 때문에 울고 웃는 과정을 경험합니다.

이 책을 통해 나와 상대방이 서로 잘 맞는 사랑의 모양을 만들어 가고 때로는 이별을 하더라도 서로에게 원망으로 남는 이별은 하지 않기를 바랍니다. 그 사람을 사랑했던 그 마음을 원망으로 가져간다면 그것은 그 사람에게가 아닌 그 사람을 선택한 나에게 던지는 원망이니까요.

내가 나를 사랑하듯 그 사람도 사랑하고, 사랑이 떠났다면 서로의 또 다른 길을 응원해 주고, 상처를 다독이고 보듬어 주고, 또 다시 나에게 맞는 사랑을 기다릴 줄 아는 지혜를 발휘하는 것이 좋겠지요.

미치도록 그 사람을 사랑했다면 그것으로 만족하고, 사랑이 있는 곳에는 고통도 따르기 마련이니 그 고통을 또 다른 나를 성장시키는 기회로 만들어 멋지고 행복한 자신의 인생을 만들어 가기를 바랍니다.

저자 신민주

차례

PART
1

사랑의 이론들과
철학적 접근

1. 연애와 사랑의 의미와 어원

연애의 의미는 무엇일까?

　연애(戀愛)는 '연(戀)'과 '애(愛)'라는 한자의 합성어로서 '그리워하고 애정하다'의 뜻으로, 서로를 사랑하는 두 사람 사이의 친밀한 관계를 말하며, 서로가 마음에 들어서 만나는 것도 연애라고 한다. 보통 친한 친구관계 이상의 친밀함을 느끼는 관계에서 사용하는 연애는 처음에는 부자간, 군신 간의 그것을 포함하는 넓은 의미의 사랑과 그리움을 포괄하는 글자였다. 이는 가장 먼저 서로 좋아해서 사랑을 나누는 관계 및 이에 수반되는 각종 행위 또는 애정을 기반으로 시작하며, 성공적인 연애는 결혼의 전초단계를 가리킨다. 다만 결혼을 사회 계약의 측면에서 받아들이는 사람들은 연애와 결혼을 반드시 결부시키지 않으려는 입장인 경우도 있다

　두근두근 가슴 설레는 연애 초기 감정을 살펴보면 본인도 모르게 웃음이 나는 것이 연애의 시작이라 할 수 있으며, 다음과 같은 증상을 느끼면 연애 초기의 감정이 싹튼다고 할 수 있다.

1. 세상의 모든 것이 아름답게 보인다.
2. 휴대폰을 자주 확인한다.
3. 흘러나오는 사랑 노래는 전부 내 이야기같이 느껴진다.
4. 주말이 기다려진다.
5. 가만히 있어도 웃음이 난다.
6. 힘든 일이 있어도 기운이 난다.

7. 그의 모든 일상이 궁금해진다.

8. 꿀 떨어지는 눈빛을 자주 보인다.

9. 함께 있는 시간이 짧게 느껴진다.

10. 손만 스쳐도 떨리는 마음이 든다.

사랑의 의미는 무엇인가?

동서양을 막론하고 모든 사람에게 가장 관심 있는 분야는 아마 '사랑'이라 해도 과언이 아닐 것이다. 이 사랑의 정의를 살펴보아도 하나의 뜻으로 그 의미를 정의 내릴 수 없는 것이기에 어렵고도 쉬운 것이 사랑이 아닐까 한다.

사실 사랑은 어원이나 유래가 너무 많지만 크게 두 가지로 나눌 수 있다.

첫째, 생각 '사(思)'와 부피 '량(量)'이 합쳐진 '사량'이 사랑으로 바뀌었다는 것이다.

둘째, 삶, 사람, 사랑의 원형인 '살'이라는 단어에서 시작되었다는 것이다.

이 외에도 사랑과 love의 어원인 르완다어 saranganya는 나누다 (to share)의 뜻으로 사용되었으며, 'love'라고도 하였다. 원래 '기뻐하다'라는 뜻인 라틴어 'lubere'에서 유래됐다고 한다. 또 다른 유래는 love가 르완다어 robanura(to select, set aside)에서 게르만어 lubon(to cherish, approach)를 거쳐 유래한 것으로서, '선택하여 곁에 두다'라는 의미라고도 한다.

그 다음 '사랑'은 15세기에는 'ᄉᆞ랑'으로 사용되었으며, 이때의 'ᄉᆞ랑'은 현대의 '애(愛)'의 의미만을 가진 것이 아니라 '사(思), 모(慕)'의 의미도 가지는 다의어였다. 그런데 오히려 현대 국어의 '사랑'의 의미보다는 '생각'의 의미를 가진 경우가 더 많은 예를 보이고 있다. 한편 '사랑'의 옛말은 '다솜'이며, 동사 '사랑하다'의 옛말은 '괴다'이며 '괴다' '고이다'의 원뜻은 '생각하다'인데, 이는 사랑한다는 것이 원래 누군가가 끊임없이 생각나는 일이니 그럴듯하기도 하다. 애(愛)는 원래 우리말의 '사랑하다'가 아니라 '아끼다'는 뜻이었으며, 20세기 후에야 사랑으로 되었다.

결론적으로, 사랑의 의미는 '상대방을 생각하는 마음의 깊이'라고 할 수 있다. 영어로 사랑(Love)의 어원은 라틴어 루베레(Lubere), 즉 기뻐하다로 '그 사람을 생각하는 마음의 깊이'라고 할 수 있다.

그렇다면 좋아하다와 사랑하다의 차이는 무엇일까?

사실 '좋아한다'는 감정과 '사랑한다'는 감정의 차이점을 명확하게 구분하기는 매우 어려우며, 사전이나 문헌에도 조금은 애매하게 설명하고 있다. 좋아한다는 감정은 '어떤 일이나 사물 따위에 대하여 좋은 감정을 가지다'라고 되어 있으며, 사랑한다는 것은 앞에서도 언급했듯이 '상대방에게 끌려 열렬히 좋아하는 감정이다'라고 되어 있다. 이 두 가지는 사실 언뜻 비슷한 의미처럼 보이지만 본질적인 의미에는 약간의 차이가 있다.

좋아한다는 감정은 자기 자신이 누군가에게 향하는 자신 위주의 감정으로서 그 감정의 중심은 '나 자신'이다. 그러나 사랑한다는 것은 상대방의 감정이 우선시되는 것으로 사랑에는 상대방을 향한 '희생'이 동반되는 감정이다. '사랑한다'와 '좋아한다'를 혼용하여 사용하는 사람들이 많지만 본질적인 차이가 있다는 점을 염두에 두고 사용하는 것이 좋을 듯하다.

철학자 소크라테스는 "사랑받으려는 마음은 행복하고자 하는 마음과 같은 것이다."라고 하였다.

소크라테스

1970년 하버드 대학교의 직 루빈 교수는 연구를 통해 '사랑(romantic love)'에 빠진 사람만 할 수 있는 5가지 행동을 발표하였다.

1. 상대방에게 성적 매력을 느낀다.

사랑(romantic love)과 좋아함(like)을 구분 짓는 가장 큰 특징으로서 상대방과 육체적으로 가까워지고 싶은 강렬한 욕망을 갖게 된다.

2. 상대방을 행복하게 만들려고 노력한다.

상대방의 기뻐하는 모습이 곧 나의 행복이 되는 게 사랑이다. 자신의 온갖 노력을 총동원하여 상대방을 더 행복하게 만들기 위해 노력한다.

3. 강한 소유욕을 느낀다.

사랑에 빠진 사람은 상대방을 독점하고 싶어 하며, 다른 사람은 발디딜 틈 없이, 둘의 사이가 가장 깊고 친밀한 관계가 되길 바란다.

4. 상대방의 단점을 찾지 못한다.

사랑에 빠지면 콩깍지가 씌이듯 아주 무서운 정신질환에 걸린 것처럼 상대방이 부족하고 못난 점이 있어도 오히려 '나니까' 품어 주고 싶은 마음이 생긴다.

5. 상대방을 필요로 한다.

사랑에 빠진 사람은 상대방과 함께 있을 때 큰 행복을 느끼고 함께 있는 순간이 너무 좋기 때문에 항상 그 사람과 꼭 붙어 있고 싶어 하고, 떨어져 있을 때도 상대방을 자꾸만 떠올리게 된다.

사랑 그리고 리비도

지그문트 프로이트는 사랑을 특정 대상에게 온갖 관심과 성적 에너지를 쏟아붓는 행위, 즉 어떤 대상에게 '리비도'가 집중되는 현상이라고 하였다.

여기서 가리키는 '리비도'는 좁게는 성적 에너지, 넓게는 삶의 본능적 에너지 또는 원동력을 의미하며, 이 리비도는 태어나면서부터 서서히 발달한다. 특히 리비도는 상대방에게 나의 모든 에너지를 집중하는 간절함이 동반되므로 만약 그에 비해 상대방이 자신에게 에너지를 주지 않으면 좌절감과 배신감 또는 미움이 증폭되기 때문에 '리비도가 집중된다'라는 의미는 영어로는 카섹시스, 즉 대상에게 갖는 심리적·정서적 집중 또는 성애적 흥미와 관심이 집중된다는 것을 의미한다. 이런 의미로서 사랑이란 대상에게 밀착되어 꼭 붙어있으려는 에너지의 집중 상태를 가리킨다. 한편, 사랑하는 상대방에게 느껴지는 양가감정은 내가 준 사랑만큼 같은 크기의 사랑이 돌아오지 않는 것에 대한 배신감과 반대로 상대방이 내 마음속으로 들어와서 나를 흔들어 놓는 것에 대한 공포와 위협이 발생되기도 한다.

결론적으로, 사랑하는 마음에 비례해서 미워하는 마음이 커진다는 것을 의미한다.

한편, 리비도와 더불어 중요한 것은 성장기 동안 부모와의 애착관계이다. 프로이트는 정신분석에서 아이가 엄마를 최초로 사랑하는 대상인 동시에 동일시하는 대상이기 때문에 내가 아닌 타인을 나처럼 여기는 동일화 현상 또한 출생과 동시에 발생하며 인간에게 있어 동일화의 대상은 '엄마'이며 그 다음 두 번째 동일시의 대상은 '아빠'라고 하였다.

오이디푸스 콤플렉스와 엘렉트라 콤플렉스에서 나타나듯이, 어린 남자아이가 아빠를 미워하고 증오하는 감정을 품게 되며 경쟁상대로 생각하는 무의식적인 성적 애착 또한 이것을 반증한다.

그리고 프로이트는 사랑하는 상대와의 이별을 경험할 때 '애도'의 과정을 통해 상실의 아픔을 극복하고 일상을 되찾아야 한다고 하였다. 만약 이 애도의 과정을 거치지 않으면 그 대상이 영원히 사라지지 않고 자신의 마음속에 자리 잡고 있다는 것이다.

상실한 그 대상을 자신의 마음속으로 끌고 들어와서 자신의 일부로 만드는 동일화를 경험하게 되는 것이다. 그리고 사랑하는 그 사람에 대한 양가감정으로 인해 상실감으로 사랑했던 그 사람에게 분노를 표출하게 되고 그 분노와 증오가 자기 자신을 향하게 된다.

그리고 프로이트가 "인간은 누구나 나르시스트이다."라고 한 이유는 자기 자신이 리비도(성적 에너지)의 대상임과 동시에 관심의 대상인 상태이기 때문에 우리는 사랑과 나를 동일한 선상에서 바라볼 필요가 있다.

사랑, 그것은 어렵고도 힘들지만 자녀를 향한 부모의 무한한 사랑처럼, 내가 나를 사랑하듯 누군가를 조건 없이 사랑한다는 그 마음이 중요한 것이다.

왜냐하면 사랑은 우리 삶의 일부이기 때문이다.

사랑하고 일하라.

일하고 사랑하라.

그것이 삶의 전부다.

−지그문트 프로이트−

사랑에 관한 남녀의 관점 차이

남자와 여자에게 사랑은 어떤 의미로 인식될까? 그리고 여성들에게 사랑이란 어떤 의미일까?

연애와 사랑의 심리에 관해 과학적으로 그 해답을 찾기 위해 분석을 하기도 하지만, 중요한 것은 모든 연구의 결과에서도 모든 사람이 전부 여기에 속한다고 말하기엔 약간의 오류가 있다. 그냥 평균적인 결과물과 자신의 사랑관과 비교하여 보는 것도 나쁘지 않을 듯하다.

사랑에 대한 남성과 여성의 심리를 크게 분류하면 다음과 같다.

첫째, 남성은 사실 여성보다 빠르게 사랑에 빠진다?

사랑에 관한 남녀의 차이에서 남녀 가운데 누가 빨리 사랑에 빠지는가(평균적으로)라는 결과에 모든 남성이 속한다고 하기엔 무리가 있지만 평균적인 분석결과를 살펴보면 남성이 여성보다 더 빨리 사랑에 빠진다고 한다.

조나단과 데이비드(Jonathan & David)의 연구에 따르면, 진화생물학 관점에서 여성은 누군가를 사랑함으로써 잃을 수 있는 요인들이 남성에 비해서 상대적으로 많기 때문에, 쉽게 사랑에 빠지는 것에 대해 경계하도록 학습해 왔다. 특히 생물학적으로 뇌 구조상 여성이 남성에 비해 감정 표현에 조금 더 공감을 하지만, 『사회심리학 저널(The Journal of Social Psychology)』의 연구에 따르면 남성은 여성에 비해 감정에 질문을 잘 하지 않기 때문에 남성은 보통 사랑에 빠졌다고 자각했을 때 그 감정에 질문하며 부인하려 하기보다는 그냥 순순히 받아들이는 쪽을 택하는 경우가 많다. 물론, 이 결과도 모든 경우에 남성이 먼저 사랑에 빠진다는 것은 아니지만 한 번쯤 생각해 볼만한 가치가 있는 연구다.

둘째, 남성과 여성 중 시각적인 면에 더 자극을 받는 쪽은 남성이다?

사실 많은 사람이 익히 알고 있듯이, 남성이 시각적으로 더 자극을 받는다. 그러나 그 이유를 살펴보면 여성은 사랑의 감정을 평가할 때, 신체적인 매력을 상대방의 다른 잠재적인 요인들과 '함께 놓고 고민'을 하는 경향이 상대적으로 강하므로 남성에 비해 시각적인 면에서 무뎌질 수 있다. 또한 비슷한 연구에서는 남성이 시각적 자극을 더 받는다는 연구 결과에 비해 여성은 청각에 조금 더 민감한 경향이 있는 것으로 나타났다. 이는 남성은 자신이 바라보고 있는 것과 연관되어 사랑에 빠지고, 여성은 상대방과의 대화를 통해 소통을 하는 것에 중점을 두기 때문이라는 연구 결과가 있다.

셋째, 남녀 가운데 누가 더 사랑에 의존적인가?

일단 서로의 관계가 사랑이라는 감정으로 발전하면 여성이 남성보다 더 적극적으로 표현하며, 더 강렬하고, 상대방을 더 이상화하는 경향이 있다.

넷째, 남자와 여자 중 누가 성에 더 관심이 많은가?

일반적으로 사랑에 대한 전통적인 관점에서 동양과 서양의 차이가 있지만, 평균적으로 남성은 주로 성적 관계로 접근하는 반면에 여성은 성보다는 정서적 친밀도를 더 강조한다고 한다.

먼저, 사랑에 빠진 남녀의 경우 선천성 이론을 살펴보면, 여성의 입장에서는 자신이 임신하여 출산할 경우 자신과 아이를 먹여 살릴 수 있는 최선의 남성 한 명을 제대로 선택하는 것이 종족 보존에 유리하다. 하지만 남성의 입장에서는 자신의 흔적(씨앗)을 생존시키는 최선의 종족 보존 전략은 가능한 한 많은 여성과 성행위를 시도하는 것으로서 자신의 씨앗을 많이 남길 수 있기 때문이다.

이러한 연구 결과들은 남성이 성적 자극에 더 쉽게 흥분하고, 어떤 여성을 만나더라도 적절한 상대인지 고려하지 않고서도 성행위를 갈망하는 이유도 여기에 있다는 것이다. 이런 연구 결과와 이론은 진화생물학적 이론에서 남녀의 성에 관한 차이의 연구 결과와도 유사하다.

다음으로, 사회문화적 요인으로서의 성의 차이를 설명하는 후천성 이론을 보면, 후천성 이론은 선천성 이론보다 훨씬 다양하고 복잡하다. 왜냐하면 후천성 이론은 출생과 성장 과정에서 부모-자녀 관계에서부터 삶의 체험 방식과 환경이 개인마다 다르고 심지어 같은 부모에게서 태어나고 자란 형제나 자매도 성에 대한 행위나 태도가 다르다. 특히 나라마다 그 특성이 다른데, 우리나라는 성관계를 금기시하는 전통 사회의 잔재가 남아 있기 때문에 아직도 일부 여성은 성적 관계를 회피하려고 하거나, 어떤 자극을 받더라도 성적 흥분을 억지로 자제하려고 애를 쓴다. 이 이유는 우리 사회의 문화적 특성에서 기인한 것이다.

남성과 여성은 성적 흥분에서 가장 큰 차이를 보인다. 세부적인 내용을 살펴보면, 남녀의 성행위에서 심리적인 만족이나 쾌감을 느끼는 것을 주관적 성적 흥분(Subjective Sexual Arousal: SSA)이라 한다. 이와는 달리 성적 자극에 노출되었을 때 나타나는 성기 부위의 생리 변화와 같은 것을 객관적 성적 흥분(Objective Sexual Arousal: OSA)이라고 한다. 여러 연구에 따르면, 남성의 경우 SSA와 OSA가 거의 일치하는 편이지만, 성적 자극에 대해 남성이 흥분을 느끼지 않을 경우 성기 부위에서도 특별한 변화가 나타나지 않았다. 그러나 여성의 경우는 달랐는데, 특히 여성은 성생활에서 만족을 얻지 못하는 경우 성적 자극에 노출되었을 때 성기 부위의 생리 변화가 두드러졌음에도 불구하고 별로 흥분하지 않는 것으로 나타났다. 이런 연구 결과는 SSA와 OSA가 일치하지 않는 경우가 적지 않다는 것을 의미하며, 특히 성을 죄의식, 혐오 등과 연결시키는 여성에게서 이 같은 불일치가 두드러지게 나타났음을 의미한다.

한편, 이런 연구 결과들은 남자와 여자의 성차가 존재함을 증명하며, 한 발 더 나아가 그 성차는 주로 후천적 요인에 의해 발생한다는 사실을 보여 준다. 하지만 이러한 연구 결과를 가지고 선천성과 후천성 요인의 상대적 크기 또는 중요성이 어느 정도인지, 또한 선천성이나 후천성 요인에 의한 성차가 어느 정도인지를 파악하기가 어렵다.

결론적으로, 사랑에 대한 남자와 여자의 관점에는 차이가 있지만 이것은 남자와 여자가 생각하고 행동하는 모든 것에서 개인적인 차이가 있기 때문이다.

2. 철학자들이 강조했던 진정한 사랑이란

플라톤의 사랑 이론

그리스 철학자 플라톤은 사랑의 특성을 깊이 이해한 가장 최초의 접근을 시도한 철학자이며, 그는 그의 대화편 『향연(Symposium)』에서 많은 부분을 사랑에 대해 서로 다른 관점을 고려하여 작품을 완성하였다. 그리고 여기에서 자신의 안녕보다는 연인의 안녕을 먼저 생각하는 연인의 마음을 사랑의 유형으로 아가페(agape)라고 불렀다. 플라톤의 이러한 사랑의 철학적 접근은 아리스토텔레스 등 여러 철학자들과 이론가들에 의해 연구되어 왔다. 그는 『향연』에서 육체적 욕망으로부터 출발해 정신적인 것의 추구, 교류를 통해 영혼의 아름다움을 보고, 그로 인해 지식의 아름다움을 보는 것이 가능해진다고 하였다. 또한 "우리가 아름다움으로 서로 만날 때 우리 안에서 사랑의 감정이 일어나며, 그것은 우리가 그것을 알고 숙고하도록 부추기는 충동이나 결정으로 정의될 수 있다."라고 하였다. 그리고 진정한 사랑은 몸에만 해당하는 아름다움이 아닌, 아름다움, 좋음 자체를 연습하는 일이 삶을 가치 있게 만들어 준다고 하였다.

플라톤은 사랑의 단계를 다음과 같은 4단계로 구분하여 정의하였다.

"첫 번째 단계는 육체적 사랑이며,
두 번째 단계는 도덕적 사랑이며,
세 번째 단계는 정신적(신앙적) 사랑의 단계이며,
마지막 네 번째 단계는 무조건적 사랑(아가페)이다."

사실 플라톤은 사랑은 육체적인 사랑에서 무조건적 사랑으로 발전해 나간다고 하였지만, 그는 그의 사랑 이론을 통해 "상고시대에는 사람이 네 손과 네 발 달린 생물이었으나 하늘을 분노케 해 하늘의 신이 둘로 갈라 남자와 여자가 됐다. 이후 서로의 반쪽을 찾아 다시 완전체가 되길 소망했다."라고 하였다. 이 말의 의미는 연인 간의 사랑은 정신과 육체가 하나 됨을 의미하는 것이다.

결론적으로, 플라톤이 강조한 사랑의 개념은 다른 사람을 사랑하는 올바른 방법은 지혜를 사랑하는 마음처럼 사랑하는 것이며, 아름답고 사랑스러운 진정한 플라토닉 러브란 마음과 영혼을 고무시키고 정신적인 것에 집중하는 것이다. 즉, 마음과 영혼을 서로 나눌 수 있는 지속적인 관계를 만들어 가는 것이다.

플라톤

'플라토닉 러브'에 대해서 들어 본 적 있는가?

플라토닉 러브는 플라톤이 그의 저서『향연(심포지온)』(이 말은 이미 국제 공용어가 된 '심포지엄'으로 진화했다).에서 소개한 개념이다. 플라톤의 플라토닉 러브라는 용어의 의미는, 플라톤의 '대화'『향연』편에 따르면, '다른 사람을 사랑하는 올바른 방법은 지혜를 사랑하는 마음처럼 사랑하는 것'이다. 즉, 아름답고 사랑스러운 진정한 플라토닉 러브의 의미를 깊이 있게 들여다보면 서로에게 마음과 영혼을 고무시키고 정신적인 것에 집중하는 것이다. 이는 현실 연애에서는 주로 육체적 관계를 하지 않는 연애를 의미하는 것으로 플라토닉 러브는 사랑하는 사람의 외모나 성적 욕구보다는 영혼의 아름다움과 선함에 초점을 맞추며 몸의 경계를 넘어 상대방의 마음, 정신과 더 깊은 연결을 추구하는 사랑을 의미한다.

성적 욕망과 낭만적인 특성이 부재하거나 억압되거나 승화되지만 단순한 우정 이상을 의미하는 사랑의 한 유형이며, 개인의 육체적인 이끌림에서부터 영혼에 대한 이끌림으로 향하고 마침내 진실과의 합일에 이르기까지 지혜와 진정한 아름다움에 대한 친밀함의 차원을 높이는 것이다. 즉, 이것은 육체적인 끌림보다는 지적이거나 정신적인 연결에 기초하여 성적이지 않고 낭만적이지 않은 사랑의 유형이기 때문에 플라토닉 러브는 '사랑하는 사람의 외모나 성적 욕구보다는 영혼의 아름다움과 선함에 더 초점을 맞추고 상대방의 마음, 정신과 더 깊은 연결을 추구하는 사랑'이라는 것이다.

소크라테스가 말하는 에로스란?

소크라테스는 사랑은 '선에 대한 욕망'이라고 주장하였는데, 이 말의 의미는 모든 인간은 선을 원하며, 사랑은 단순히 다른 사람의 형태로 '선을 소유하려는 욕망'이라는 것이다. 이와 더불어 그는 사랑의 신으로 알려진 에로스를 신도 아니고, 인간도 아닌 '중간자'라고 주장하였다. 즉, 소크라테스에 따르면, 에로스란 어떤 것에 대한 에로스이며 '~에 대한'은 '~를 향한'로 취급되며, 이는 에로스가 어떤 것 자체가 아니라 '어떤 것을 지향한다는 것'을 의미하고 있다고 한다. 더 깊이 들어가 보면 어떤 것을 지향한다는 것은 '어떤 것을 욕망하기 때문'이며, 어떤 것을 욕망하는 것은 '자신이 그 어떤 것이 결여되어 있음'을 의미한다.

결론적으로, 소크라테스는 사랑은 기본적으로 '결핍에서 출발한다'는 것이다. 그리스 신화에 등장하는 에로스는 에로스가 아름답다는 것이 아니라 오히려 아름다움이 결여되어 있어서 아름다움을 더욱 지향하고 사랑한다는 의미가 되는 것이다.

아리스토텔레스의 사랑 이론

아리스토텔레스는 열일곱 살에 서양 철학의 아버지라고 불리는 고대 그리스의 철학자 플라톤이 건립한 학교인 '플라톤의 아카데미(The Platonic Academy)'에 입학하였으며 그 이후 약 20년간 이곳에 머무르며 학문에 정진하였다.

플라톤, 소크라테스 그리고 그 다음으로 사랑에 대해 다양한 철학적 관점을 이야기한 철학자는 아리스토텔레스였다. 그는 『니코마코스 윤리학』에서 "사랑은 자기 사랑과 다른 사람들에 대한 사랑 사이의 균형을 포함하는 미덕"이라고 주장하였다. 아리스토텔레스에 따르면, 다른 사람들에 대한 사랑은 그들의 행복에 대한 열망과 개인으로서 그들의 가치를 인정하는 것 모두를 포함한다. 그는 사랑(philia)을 일종의 탁월성으로 바라보면서 유익과 즐거움과 같이 우연적인 것에서 오지 않는 지속적인 사랑을 가장 완전한 사랑으로 바라보았다. 특히 사랑은 인간의 폴리스적인 본성에 의해 요구되는데, 이는 사랑을 탁월성에 기초하여 바라본 것과 관련된다고 주장하였다. 아리스토텔레스가 주장한 사랑의 관점은 종종 아리스토텔레스의 사랑 이론으로 언급되며, 사랑의 윤리적 이론의 발전에 영향을 미쳤다.

결론적으로, 아리스토텔레스는 『니코마코스 윤리학』에서 사랑(philia)을 인간관계에서 놀이 이외의 일상적 삶에 공유되는 즐거움과 관련한 중용의 품성 상태로 정의하였다. 아리스토텔레스가 강조한 인간관계는 부모와 자녀나 형제간과 같은 가족관계에서부터 시작하여 정치적 공동체에 소속된 동료나 시민으로까지의 범위를 포함하는 넓은 의미의 인간관계다.

하지만 아리스토텔레스에게 있어 진정한 의미의 사랑은 중용에 따른 올바른 활동에 의해 형성된 품성 상태이다. 이후 아리스토텔레스는 친구와의 우정에 대해 다음과 같은 말을 남겼다.

"가난과 같은 역경이 닥쳤을 때, 사람들은 자신이 유일하게 기댈 곳은 친구라고 느낀다. 친구는 젊은 시절에는 나의 잘못을 바로잡아 주고, 나이가 들어 약해졌을 때는 나를 챙겨 주는 존재다. 한창 전성기 때는 위대한 업적을 이루는 동반자가 된다. 생각하고 행동하는 데 있어 언제나 둘이 하나보다 낫기 때문이다."

아리스토텔레스의 조각상

니체가 말하는 사랑의 정의

"신은 죽었다."라는 말을 남기고 떠난 독일의 철학자이자 시인 니체

100여 년 전 그 누구보다도 사랑과 결혼에 대해 고민했던 철학자 니체는 사랑 예찬론자 또는 사랑 지상주의자에 가까웠다. 그리고 니체는 사랑에 관해 진정한 사랑은 '자기애'로부터 출발한다고 강조하며, "자신을 진정으로 사랑하기 위해서는 먼저 자신의 힘만으로 무엇인가에 온 노력을 쏟아야 한다."라고 하였다.

그는 실존주의 철학의 선구자였지만 니체는 사랑의 의미에 관해 다음과 같이 말했다.

니체의 사랑에 관한 일화

정작 본인의 사랑에는 매우 서툴렀던 니체가 살로메를 사랑했었다는 일화는 유명하지만 여자와의 사랑은 그다지 성공적이 못했고 알려진 것처럼 니체는 그 사랑을 이루지는 못했다. 그가 세상을 떠나기 전 "신은 죽었다!"라는 어마어마한 말을 했었지만 사랑하는 이에게는 사랑한다는 말조차하지 못했던 인물이기도 하다.

프리드리히 니체

3. 사랑의 삼각형 이론

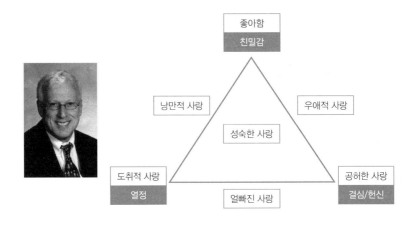

사랑에 이론이 있다는 것을 알고 있는가? 바로 '사랑의 삼각형 이론'이라는 것으로 사랑의 형태와 구성 요소를 설명하는 이론이다. 사랑의 삼각형 이론은 미국의 뇌신경과학자이자 인지심리학자인 로버트 스턴버그(Robert J. Sternberg)가 인간의 지능에 관련한 연구를 하면서 자신의 지능연구를 사랑과 애정을 분석하는 데 접목하여 사랑의 삼각형 이론을 만들었다. 이 사랑의 삼각형 이론에서 사랑의 3요소라 불리는 친밀감(intimacy), 열정(passion), 결심/헌신(commitment)에 의해 사랑의 유형이 결정된다고 보았다. 로버트 스턴버그는 사랑이 친밀감, 열정, 그리고 결심/헌신으로 구성되어 있으며, 이 세 가지는 삼각형의 세 꼭짓점이라고 발표하였다. 그리고 이 삼각형의 면적이 넓을수록, 세 가지 요소가 균형을 이루어 정삼각형 형태에 가까워질수록 이상적이고 성숙한 사랑이라고 하였다.

친밀감

친밀감은 타인과의 정서적 교류나 의사소통의 유무, 서로에 대한 의지 등 사랑하는 사람과의 관계에서 발생하는 '가까운 느낌'을 가리킨다.

열정

열정은 상대방을 향한 성적 욕구 등 서로를 낭만으로 이끄는 욕망을 가리킨다.

결심 또는 헌신

결심은 누군가를 사랑하기로 하는 것을, 헌신은 사랑하는 사람과의 사랑을 지속하기로 하는 것을 가르킨다.

물론 스턴버그는 이 세 가지 요소의 크기를 일치시키는 것이 가능하다고 보았지만, 많은 사람은 현실에서 정삼각형의 온전한 사랑은 거의 존재하지 않는다고 말한다.

사랑의 삼각형, 사랑의 7가지 형태

도취적 사랑

이 사랑의 유형에는 열정이라는 요소만을 가지고 있다. 특히 이 유형은 단기간 상대방의 매력에 빠지므로 일명 '금사빠'인 경우가 많다. 특히 연인에게 욕망을 불러일으키는 순간으로 생리적인 흥분, 애착을 느끼는 대상과 계속 함께 있으려 하며, 하나가 되려는 욕구를 갖거나 첫눈에 사랑에 빠진다는 느낌을 받는다. 이런 감정은 정신적 · 육체적 흥분으로 나타난다. 하지만 이러한 열정은 빨리 식을 수 있다.

공허한 사랑

이 유형은 상대방과의 사랑을 이어 감에 있어 열정이나 친밀감은 결여된 채 오로지 책임이나 헌신만 있는 유형이다. 예를 들어, 열심히 가족을 위해 헌신하면서 돈만 버는 기러기 아빠를 떠올리면 된다. 그 누가 알아주지 않더라도 자신의 역할을 위해 책임을 지고 헌신하는 유형이다. 사랑의 삼각형 중 공허한 사랑은 오래된 커플에서 주로 나타나는 유형이다.

낭만적 사랑

이 사랑의 유형은 친밀감과 열정적 요소가 결합되어 나타난다. 물론 신체적 · 감정적으로 서로에게 끌리고 있으며 정서적으로도 사랑에 빠졌다는 감정으로 행복감을 느끼지만, 책임이나 헌신이 결여되어 있으므로 사랑이 언제 끝날지 모른다는 불안감에 휩싸이기도 한다. 지속적인 만남을 고려하기보다 즉흥적인 면이 강하지만, 다른 유형의 사랑으로 발전하기 때문에 잦은 다툼으로 헤어지기도 한다. '처음에는 잘 맞고 참 좋은 사이였는데…….'라는 생각은 있지만 서로에게 책임이나 헌신이 부족하다.

우애적 사랑

이 사랑의 유형은 친밀감과 헌신의 요소를 갖추고 있다. 그러나 상대방에게 성적인 매력을 별로 느끼지 못해 사랑 표현을 잘하지 않다보니 주로 오랜 연인이나 중년 부부, 노부부에게서 많이 나타난다. 이는 열정을 이끌어 주던 신체적 매력이 감소하여 오래된 관계, 우정과 같은 형태의 결혼생활에서 자주 나타나는 사랑의 유형이며, 낭만적 사랑이 시간이 지날 때 우애적 사랑으로 나타난다.

얼빠진 사랑

이 사랑의 유형은 사랑의 요소 중 헌신과 열정이라는 요소를 가지고 있다. 따라서 열정이라는 감정에 의존하여 성급한 결혼을 선택하기도 하며, 이 경우에는 상대방과 친밀감을 쌓도록 노력하는 것이 필요하다. 특히 이러한 유형은 상대방과 친밀감을 쌓는 데는 시간이 걸리므로 열정이 사라지지 않도록 잘 버틸 수 있어야 한다.

성숙한 사랑

이 사랑의 유형은 친밀감, 열정, 헌신 등의 요소를 모두 갖춘 이상적인 사랑의 유형이다. 그러나 이 세 가지 요소를 모두 갖춘 사랑으로 가기까지는 다소 많은 시간이 필요하다. 그리고 성숙한 사랑은 결코 한 사람만의 희생으로 만들어지는 것은 아니기 때문에 상대방

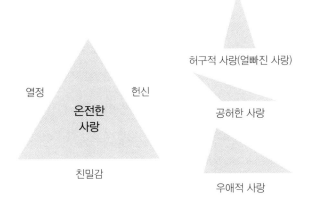

3. 사랑의 삼각형 이론

을 배려하고 존중하는 마음이 밑바탕에 있어야 한다. 무엇보다 서로의 감정의 균형을 확인하고 수정해야 할 방향을 제공받을 수 있다는 점, 나의 사랑의 유형과 상대의 유형을 비교하여 서로가 어떠한 사고와 생각으로 상대를 대하는지 확인해 볼 수 있는 과정을 만들어 갈 수 있다.

좋아함 – 친밀감만 있는 사랑

어느 가을날의 일이다.

"교수님! 바쁘신가요?"

평소 강의실에서 자주 만나던 한 남학생이 찾아왔다.

"아니야! 괜찮아. 어서 들어와."

"죄송해요. 연락을 드리고 오려고 했는데, 그냥 계실까 하고 왔어요."

얼굴을 보니 뭔가 고민이 있어 보였다. 물론 평소에 늘 같이 다니던 여학생과 함께가 아닌 혼자라서 무슨 일이 있다는 걸 짐작할 수 있었다.

"○○는 어디갔어?"라고 함께 다니던 여학생 친구에 관해 질문했다.

"사실 그게요. ○○ 때문에 생각이 많아지고. 갑자기 한 2주 전부터 ○○를 만나면 제가 좀 이상해서요."

"약간 신경이 쓰이고 그렇구나."

"맞아요. 어떻게 아셨어요? 교수님! 제가 이상한 거 맞지요? ○○는 정말 제 친군데……."

"혹시 고백하면 친구 사이가 깨질까 봐 고민이 되는구나?"

"네. 그리고 혹시 고백하고 나서 잘 안 되면 그동안 친구였던 사이도 이상해질까 봐서요. 교수님, 어떻게 하면 될까요?"

남학생은 정말 이 세상의 모든 고민은 다 짊어진 얼굴이었다. 자세히 보니 잠도 못 잤는지 얼굴도 수척해 보였다. 그러나 그 얼굴을 보는 순간 20대 청춘의 설렘을 느끼기에 충분하였다. 그리고 그 학생에게는 이 세상 그 어떤 고민보다 크다는 것을 함께 느끼는 순간, 가을이 참 아름답다는 생각이 들었다.

그 순간 라디오에서는 이문세의 〈광화문 연가〉의 피아노 연주가 흘러나왔다.

가을…
그리고 20대의 풋사랑…

심리학자 프로이트는 일과 사랑에서 만족을 얻을 줄 아는 것이 건강한 사람의 특징이라고 보았다.

특히 이 유형은 사랑에서 열정과 결심/헌신 요소가 결여된 채 친밀감만 있을 때 나타난다. 여기서 '좋아한다'라는 말은 친한 친구나 베프(베스트프렌드) 또는 남사친(남자 사람 친구), 여사친(여자 사람 친구) 등을 예로 들 수 있다. '친밀감'만 있는 사랑은 좋아함(liking)으로, 연인뿐만 아니라 진정한 친구들에게서도 느낄 수 있는 따뜻한 감정이다. 이는 열정과 헌신을 동반하지 않기에, 우정과 비슷한 형태를 가진다.

도취적 사랑 – 열정만 있는 사랑

이 사랑의 유형은 첫눈에 반한 사랑을 가리키는 것으로 '번개를 맞은 느낌' 또는 '종소리가 들린다.'라는 식으로 표현되기도 하는 사랑의 유형이다.

늦은 밤 휴대폰이 울렸다.

입력된 이름이 뜨는 걸 보니 교양 수업에서 만난 여학생이다.

"여보세요. ○○구나. 무슨 일이니?"

"교수님……."

"어. 하고 싶은 말이 있나 보구나?"

수화기 너머 망설이는 느낌이 전해진다.

"말하기 힘들면 안 해도 되니까 그냥 편하게 조금 생각해 보고 이야기해도 되고, 아니면 내일 이야기해도 되거든……."

"아니에요. 제가 다른 교양 수업에서 어떤 선배와 자꾸 마주치고 겹치고 그랬는데 오늘 우연히 같이 앉게 되었어요. 그런데 아무 생각이 안 나요. 제가 왜 이러죠? 그 선배는 너무 멋지고 제가 늘 생각하던 이상형인데 여자친구가 있으면 어떡하죠?"

○○는 혼자 갑자기 들떠서 이런저런 이야기를 쏟아 낸다.

"음, 지금 기분은 어때?"

"얼굴이 자꾸 달아오르고 무슨 얘기를 했는지 전혀 기억이 안 나고 그래요. 근데 기분은 나쁘지 않고 심장이 자꾸 너무 뛰어요."

"○○는 그 선배가 왜 좋아?"

"그냥 모든 것이 멋져 보이고, 말하는 것도, 웃을 때도, 걸음걸이도 멋져 보여요."

○○의 눈에는 단단히 콩깍지가 씌어 있었다. 그리고 그때 ○○의 심장의 두근거림이 마치 내 곁에 있는 것처럼 전해졌다. 상큼한 풀 내음 향기도 함께……

'열정'만으로 구성된 사랑은 도취적 사랑으로 얼빠진 사랑이라고 명명된다. 이 사랑은 상대를 있는 그대로가 아니라 '이상화'하는 사랑으로서, 친밀감과 결심/헌신의 요소가 결여된 채 '열정만'으로 이루어진 사랑이다. 하지만 이런 사랑은 어느 날 갑자기 훅 들어오기도 하고 갑자기 사라지기도 한다. 이 사랑은 이상화된 상대방의 모습을 통해 마치 무언가에 홀린 듯한 멍한 상태가 되기도 하므로 자신의 마음과는 다르게 상대방이 자신과 같은 마음은 아닐 수도 있기 때문에 상대방을 불편하게 하는 상황이 발생할 수도 있다.

공허한 사랑 – 결심/헌신만 있는 사랑

크리스마스를 며칠 앞둔 어느 겨울.

새내기 때부터 캠퍼스 커플(CC)로 지내면서 행복하게 학교생활을 하던 ○○가 찾아왔다.

졸업을 앞두고 취업도 된 상태였던 터라 무슨 일로 왔는지 궁금했다.

"어서 와. 취업된 것 축하해."

"감사합니다. 사실 너무 감사했습니다."

감사의 인사를 하던 녀석의 얼굴을 보니 그 ○○와 무슨 일이 발생했다는 것을 느낄 수 있었다.

"힘들구나, 많이……. 힘내라!"

말이 떨어지자마자 ○○는 고개를 푹 숙이며 한숨을 쉰다.

"교수님! 이러는 제 자신이 속상합니다. 걔는 몰라요, 제 마음을……. 함께 연인으로 지낸 지가 벌써 5년입니다. 물론 그동안 싸울 때도 있었지만 위기도 잘 극복하고 제가 졸업 전 취업도 되었는데……. 근데 갑자기 그동안 만들었던 추억보다도 그냥 이렇게 결혼을 하게 되면 너무 감정이 없이 그냥 의무감으로 살 것 같다는 생각이 드는 거예요. 제가 나쁜 놈이죠?"

"아니야. 네가 잘못된 것은 아니야. 모든 커플이 다 좋은 감정으로 만나고 결혼하고 살아가는 것은 아니야. 충분히 네 감정을 가질 수 있어."

"그동안 우리를 아는 사람들이 만약 우리가 헤어진다면 뭐라 할지도 신경쓰이고 여자친구에게 무슨 말을 해야 할지도 모르겠고. 제 마음에 다른 사람이 생긴 것도 아닌데요……."

○○는 고개를 푹 떨구었다.

"네 잘못이 아니야."라고 ○○에게 말을 하기에는 그 감정 속에 그동안 두 사람이 만들고 함께했던 추억들이 있을 거라는 마음에 ○○에게 충분한 시간을 줄 수밖에 없었다.

공허한 사랑은 친밀감이나 열정 없이 상대방을 사랑하고 헌신하겠다고 결심함으로써 생긴다. 이런 사랑의 유형은 오래된 부부 사이나 오래된 연인 사이에서 자주 나타난다. 예전 우리나라에서 간혹 서로의 얼굴을 보지 못한 채 중매로 결혼한 부부들의 사례가 대체로 공허한 사랑에 속할 수 있다. 이런 사랑의 경우 서로를 향한 관계에 대한 노력으로 친밀감과 열정을 키워 나갈 수도 있겠지만, 상대를 향한 헌신만으로 이루어진 사랑은 공허할 수밖에 없다. 만약 이러한 헌신이 상대방을 향해 일방적으로 이루어질 경우, 헌신을 받는 상대방은 일방적으로 빚을 지고 있다는 마음에 죄책감이 들 수도 있다.

낭만적 사랑 – 친밀감 + 열정

누구나 한 번쯤은 영화 같은 사랑을 꿈꾼다. 그러나 영화가 현실로 다가오면 긍정적인 부분보다는 부정적인 결과를 만들기도 한다.

억수같이 비가 내리는 목요일, 퇴근을 하려는데 누가 문을 두드렸다.
"누구세요?"
"교수님, 퇴근하셔야 하는데……."

3. 사랑의 삼각형 이론

한눈에 직감적으로 ○○에게 무슨 일이 있다는 것을 직감했다.

비를 맞고 들어 온 ○○는 들어오자마자 눈물을 쏟았다.

○○의 머리와 어깨에 떨어진 빗물을 닦아 주었다.

"괜찮아, 여기 앉아. 물 한 잔 줄까? 아니면 따뜻한 커피 한 잔 줄까?"

"커피요."

○○에게 커피를 주며,

"따뜻한 커피 한 잔 마시고, 이야기하고 싶을 때 이야기하자."

침묵의 시간이 흐르고 난 뒤 ○○가 입을 열었다.

"교수님! 전 어떻게 하면 좋아요. 제가 정신이 나갔었나 봐요. 전 죽어 버리고 싶어요."

"진정하고, 자, 천천히 무슨 일이 있었는지 이야기해 줄래?"

"여름 방학 때 해외로 놀러가서 다른 사람들과 함께 여행을 다니게 됐어요. 정말 멋진 내 스타일의 사람이 있었어요. 물론 아주 자연스럽게 친하게 됐고, 그 이후에도 석 달 넘게 매일 만났어요. 근데 그만 임신이 됐어요. 남자친구에게 말을 하니까 그 아이가 누구의 아이인줄 아느냐며……. 제가 그 말에 충격을 받았고 헤어지게 됐어요. 그런데 병원에는 가야 해서 어떻게 해야 할지 몰라 고민하다가 엄마에게 말했어요. 근데 엄마가 저더러 네가 창녀냐며, 흑흑……."

○○는 자책하면서 눈물을 흘렸다.

"괜찮아 진정하고. 그럼 그 이후 어떻게 됐니?"

"병원에 저 혼자 갔어요. 아이를 지웠는데……."

"많이 힘들었겠네."

"근데 그 이후 제가 더 죽고 싶은 일이 있어요."

"그게 뭔데?"

"사실 그 사이에 혼자 고민하고 있는데 선배와 친구가 무슨 일이냐며 자신들에게 이야기하라며……. 그만 제가 그 분위기에서 혼자 너무 힘들어 애기를 했거든요. 근데 학교에서 그 선배랑 친구를 보면 제 이야기를 소문낼까 봐 힘들고 아기에게도 미안하고요. 저 자신이 죽고 싶을 정도로 미워요."

○○는 눈물을 흘렸다.

그 순간 빗소리는 더 거세져 내 마음에 구멍을 낼 만큼 뿌려지고 있었다.

영화에서 나올법 한 그런 사랑은 과연 있을까? 물론 없다고 하진 않겠다. 하지만 모든 인연이 사랑이 되고 그 사랑이 결혼으로 골인하는 확률은 극히 낮다.

이 사랑은 친밀감과 열정으로 이루어진 낭만적 사랑이다. 이것은 상대의 매력에 끌려 서로 육체적·감정적으로 밀착되어 있는 상태로, 연애 초반에 주로 나타난다. 물론 이 낭만적 사랑은 서로에게 육체적·감정적으로 밀착되어 있지만 결심과 헌신은 필수 부분이 아닌 관계다. 낭만적 관계의 연인은 자신들의 관계가 미래로 이어진다거나 영원하다고 생각하지 않으며, 따라서 관계의 지속에 대해서 크게 신경을 쓰지 않는다. 대표적인 것이 여름 바닷가에서 맺어진 사랑으로 여름이 지나면 두 사람은 헤어지는 것이 당연하다고 생각한다.

우애적 사랑 - 친밀감+헌신

하루 일과를 끝내고 음악을 들으며 커피를 한 잔 마시고 있을 때였다.

전화벨이 울리고 "여보세요"라는 말이 떨어지기가 무섭게,

"교수님! 잘 지내고 계시죠?"

전화번호를 보니 모르는 번호였다.

"제 전번이 바뀌어서…… 저 몇 년 전 졸업 한 ○○입니다."

"아, 잘 지냈나? 반갑네."

"예……."

잠깐의 정적이 흐르고 대화가 끊기는 순간, '아, 무슨 일이 있구나!' 하는 예감이 들었다.

학교 다닐 때 CC로 몇 년간을 같이 지냈던 그의 여자친구가 떠올랐다.

"저…… ○○와 좀 많이 힘들어서요."

"그렇구나. 힘들구나. 지금……."

"4년을 함께 지냈는데 사실 너무 많은 사람이 엮여 있어서 헤어지면 그 사람들과도 관계를 끊어야 한다 생각하니 마음이 많이 힘드네요. 여자친구도 친구지만, 그리고 전 결혼해서 정말 행복하게 살고 싶었거든요."

사실 두 사람은 꽤나 잘 어울리는 커플로 기억한다. 둘이 손잡고 걸어가는 모습만 봐도 상큼하고 예뻤다. 물론 이별하기에는 여러 사연이 있겠지만 사실 조금 많이 아쉬운 커플이라는 생각이 든다.

친밀감

우애적 사랑

열정　　　　　　　　　　헌신

　우리는 누구나 살아가면서 수많은 사람을 만나고 헤어지면서 그 만남이 평생 좋은 인연으로 남기도 하지만 만나지 말았어야 할 정도의 악연으로 끝나기도 한다.

　프로이트와 융의 관계에서도 알 수 있듯이, 두 사람은 처음 만나자마자 곧바로 친해졌고, 프로이트는 융을 자신의 아들처럼 생각하며 아꼈다. 그러나 이 두 사람의 마지막은 좋지 않았다. 처음부터 두 사람은 비슷한 점도 많았지만 정반대로 다른 점도 많았다.

　융이 프로이트에게 쓴 편지의 일부다.

선생님에 대한 제 존경심은 일종의 '종교적 사랑'과도 같은 것입니다.

그것이 정말로 저를 괴롭히지는 않더라도,

저는 여전히 종교적 사랑이 혐오스럽고 우스꽝스럽다고 느낍니다.

거기에는 의심할 나위 없이 에로틱한 것이 깔렸기 때문이죠.

이런 끔찍한 느낌은 어린 시절에

한때 열렬히 존경했던 남자가 저를 성폭행했다는 사실에서

비롯되는 겁니다.

　이후 두 사람은 더욱 돈독해졌고 프로이트는 국제정신분석협회 회장직을 융에게 넘겨 주었다. 그때 프로이트는 "내가 없을 때, 융

외에는 어느 누구도 이 모든 것을 물려받을 수 없다."라고 말했을 정도로 융을 신임하였다.

그러나 융은 프로이트의 성 이론에 항상 의구심을 가졌고, 프로이트의 성 이론이 심리 발달에 중요한 것인지에 대한 확신이 들지 않았다. 프로이트의 입장에서는 융의 반대 의견을 무시하거나 적어도 소극적으로 대처할 수밖에 없었고 그렇게 해서라도 융을 후계자로 키워 나가려는 의도였다.

그러나 이후 두 사람 사이의 여러 갈등이 발생하고 난 이후 결국 프로이트는 이런 말을 남겼다.

> 융은 제정신이 아니다. 하지만 나는 사실, 갈라서고 싶지는 않다.
> 그가 자발적으로 떠났으면 한다.
> – 1913년 지그문트 프로이트가 카를 아브라함에게 한 말 –

우리는 누구나 사랑하는 사람이나 주변 사람들과의 관계에서 영원히 함께할 거라는 믿음이 깨어지는 경험을 하기도 한다. 친밀감과 열정과 헌신 중 열정의 주된 원인인 육체적 매력은 오랜 연인일수록 대체로 약해지기 때문에 낭만적 사랑은 점차 우애적 사랑으로 변화한다. 시간이 흐를수록 열정은 없어지지만 친밀감은 남고, 서로의 관계에 대한 깊은 헌신이 열정을 대체하게 된다.

지그문트 프로이트(좌)와 칼 융(우)

얼빠진 사랑 – 열정+헌신

평소 연애 상담을 자주 하던 ○○가 수업을 끝낸 후 찾아왔다. 썸 타는 사람만 생겨도 전화로 질문하기도 하고, 군대를 제대한 이후 여자친구가 생기지 않는다며 속상해하기도 했었다. 얼마 전 첫눈에 반할 만한 상대를 만났다며 흥분한 목소리로 말을 한다.

"교수님! 이번엔 정말 딱 제 스타일이에요. 너무 예쁘고 성격도 좋고 진짜 완전!"

"그래. 축하한다. 얼마 전 여자친구랑 헤어졌을 때 다시는 그런 사랑 안 올 거라며 난리를 치더니…… 내가 뭐랬어? 너에게 잘 맞는 스타일이 반드시 또 나타난다고 했었지?"

"교수님 말씀이 맞았어요. 근데 사실은 그때도 정말 제 스타일이라 생각했는데, 이번엔 진짜인 것 같아요. 벌써 선물도 줬어요."

○○는 흥분된 상태로 두서없이 이야기를 꺼낸다.

"벌써? 아니 얼마나 됐는데?"

"그냥 제가 알바를 하고 있어서 미리 커플링을 샀어요. 좀 비싸긴 하지만……."

"헐, 벌써 커플링을?"

"여자친구도 좋아했어요."

"항상 조금은 진지하게 상대방을 관찰해 보고 나와 잘 맞는지 탐색을 해
보는 시간이 필요해. 그리고 상대방에게도 그런 시간을 주면서 탐색을
충분히 하면 서로가 힘들지 않게 되는 거야."

평소에도 순수하게 착한 ○○지만 사랑 앞에서는 약간 서두르는
경향이 있는 스타일이기에 이번에는 조금은 진중하게 사랑을 만들
어 가기를 바라는 마음이 들었다. ○○가 매번 사랑을 갈망했고 아
직 성숙하지 못한 풋사랑에도 힘들어 했기에…….

이 사랑은 열정과 헌신만으로 이루어진 사랑, 즉 한마디로 어리석
은 사랑이다. 상대방에게 충분한 시간을 가지고 탐색하는 과정 없이
순간적인 열정을 기반으로 헌신이 이루어져 자칫 서로에 대한 감정
의 깊이가 약할 수 있다. 누구나 마찬가지겠지만, 서로에 대한 타오
르는 열정은 시간이 지나면 빠른 속도로 식기 때문에 그 열정이 사
라지게 되면 남아 있는 감정으로 그 사랑을 지속하기가 어렵다.

소위 '헐리우드식 사랑'이라고 불리는 사랑의 유형으로서 남녀가
어느 날 만나 순간적으로 사랑에 빠지고 짧은 시간 안에 결혼에 골
인하는 것이 전형적인 패턴이다. 특히 이 사랑은 친밀감이 결여된
열정에 치우쳐 얼빠진 사랑이라 불리기도 한다. 물론 착각도 개인적
인 자유겠지만, 이 사랑은 자신이 마치 영화 속 주인공이 된 것처럼
달콤하지만 시간이 흐르면 쉽게 깨어질 수 있다.

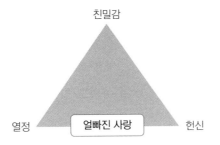

친밀감

열정　　얼빠진 사랑　　헌신

성숙한 사랑 – 친밀감+열정+헌신

바람이 부는 가을 어느 날, 두 사람이 찾아왔다. 불쑥 내미는 청첩장을 받고 내 마음이 먹먹해 옴을 느꼈다. 어렵게 버텨 온 두 사람의 사랑이 결실을 맺게 된 것이다.

"축하해!"

"교수님! 진심으로 감사합니다. 사실 전화로 연락을 드리고 찾아뵈려고 했는데, 깜짝 놀라게 해 드리고 싶기도 하고 얼굴 뵙고 말씀드리고 싶기도 하고, 그래서 저희 함께 왔어요."

너무 마음이 찡하고 감사했다.

"그동안 두 사람이 늘 잘되기를 응원했는데 정말 고마워. 행복을 만들어 가며 살아가길 늘 기도할게."

"저희 둘이 감사하죠. 저희가 다툴 때도, 힘들 때도 항상 좋은 말씀을 해 주셨잖아요. 그래서 저희가 서로 이해할 수 있었고 참을 수 있었던 것 같 아요."

"서로 사랑받고 있다는 느낌을 늘 가지고 살아가길 바라. 그것이 가장 큰 행복일 테니까."

사랑, 영원한 사랑……. 두 사람은 어려운 가정환경 속에서 정말 미치도록 힘들게 아르바이트를 하면서 학비를 내고 데이트를 했다. 두 사람의 힘든 환경 따위는 사랑의 마음을 다치게 할 수도 없을 만큼 단단했다. 물론 두세 번의 이별도 있었지만 잘 견디고 극복해 주었다.

빅토르 위고는 "가장 큰 행복은 누군가를 사랑하고 누군가로부터 사랑받고 있다는 확신에서 온다."라고 하였다.

스턴버그는 성숙한 사랑, 즉 완전한 사랑을 통해 사랑하는 사람과 나와의 관계에서 나의 감정의 강도나 형태와 상대의 마음이 언제나 동일하리라는 보장은 없다고 하였다. 서로 부족한 부분은 조금씩 채워 가면서 세 요소를 모두 결합할 때 완전한 사랑이자 성숙한 사랑이 가능하다고 하였다. 두 사람만의 사랑의 모습을 만들어 가려면 하나의 이상향을 설정하고 서로 조금씩 양보하고 노력할 때 현실이 된다.

만약 내가 사랑의 이론을 만든다면 사랑의 요소에는 무엇이 있을까?

사랑의 삼각형 이론의 단점

모든 이론에는 장점과 단점이 있듯이, 모든 이론을 인간의 삶에 모두 적용할 수는 없다. 또한 사랑을 이론으로 명명하여 해석하고 판단한다는 것이 약간의 모순이 있을 수 있지만 사랑의 삼각형 이론의 3요소는 사랑의 발달 단계를 예측하는 데 도움이 될 수 있다는 의견이 많다. 그러나 이 이론은 연인과의 관계나 인간관계에서 어떠한 시기에 일련의 과정을 거쳐 발달하는지에 대한 증명을 할 수 없다는 것이 단점으로 지적되고 있다. 이후 많은 학자가 스턴버그의 이론을 계보로 하여 연구하고 있지만, 대부분 연인과의 관계 지속시간이 사랑의 발달 과정에서 중요한 기능을 한다고는 하지만 그 기간에 대한 명확성과 그 영향력에 대해선 설명을 하지 못하고 있다.

그리고 무엇보다 연령대별로 사랑에 대해 가지는 생각이나 감정 등은 다르며, 특히 20대가 느끼는 사랑의 감정과 중년이나 노년의 사랑의 감정은 그 깊이와 의미가 다를 수 있다. 왜냐하면 지속적으로 사랑한다는 말을 상대방에게 건네면서 관계를 지속하기 위한 노력과 열정들이 연령대별로도 약간씩 차이가 있는 경우도 있고, 상대방에 따라서 그 감정의 깊이나 사랑의 유형에도 조금씩 다르게 표현되기 때문이다.

그러나 중요한 것은 이러한 사랑의 이론들을 통해 우리가 살아가면서 건강한 관계를 형성하는 데 도움을 줄 수 있다는 점이다. 누군가를 만나고 그 사람을 사랑한다는 그 감정은 삶의 활력소가 되고 행복한 감정으로 살아갈 수 있기 때문이다.

4. 사랑의 색채 이론

"사랑? 웃기지 마! 얼마면 될까? 얼마면 되겠냐?"

오래전 한 드라마의 유명 대사다. 남자배우가 상대방 여자배우에게 "사랑? 웃기지 마! 이제 돈으로 사겠어. 돈으로 사면 될 거 아냐. 얼마면 돼? 얼마면 되냐고?"

이때 여자배우는 상대방 남자배우에게 다음과 같이 말한다.

"얼마? 얼마나 줄 수 있는데요? 나 돈 필요해요. 정말 많이 필요해요."

이 드라마 대사와 장면은 시간이 많이 흘렀지만 아직도 패러디되고 있다. 정말 이 드라마 대사처럼 사랑을 돈으로 살 수 있을까?

사랑의 유형 6가지, 나는 어떤 사랑을 추구할까요?

캐나다의 심리학자 존 앨런 리(John Alan Lee)는 사랑의 본질을 이해하기 위해 사랑을 묘사한 4,000개 이상의 용어를 수집해 유형별로 분류하여 6가지 사랑의 유형을 정의하였다. 이 이론은 존 리가 제시한 사랑을 색깔에 비유한 것으로, 일차적 사랑(사랑의 3원색)과 이차적 사랑이라는 개념으로 사랑을 구분하였다. 그가 분류한 사랑 중 일차적 사랑에는 에로스(eros, 낭만적 사랑), 루두스(ludus, 유희적 사랑), 스토르게(storge, 좋은 친구 같은 사랑)이며, 이차적 사랑에는 마니아(mania, 의존적 사랑), 프라그마(pragma, 실용적 사랑), 아가페(agape, 헌신적 사랑) 등이 있다.

이 이론에서는 사랑의 유형을 색깔로 표현하였으며, 노랑색이 보라색보다 더 우월한 색이 아니듯, 사랑도 어떤 한 유형보다 다른 유형이 더 가치가 있다거나 더 성숙한 것이라고 말할 수 없다고 하였다. 그것은 단지 선호의 문제라는 것이 핵심이다.

그림에서 배치가 가까운 사람일수록 궁합이 잘 맞으며, 위치가 먼 사람끼리는 궁합이 나쁘다고 한다.

다음은 사랑의 색채 이론 중 6가지 사랑의 유형의 세부적인 내용은 아래와 같다.

4. 사랑의 색채 이론

에로스 – 낭만적 사랑

에로스는 그리스 신화에 나오는 사랑의 신이다.

아마 누구나 한 번쯤은 이 그림(천사의 날개를 달고 사랑의 화살을 쏘고 다니는 에로스의 모습)을 본 적이 있을 것이다.

라틴어로는 큐피트로 알려져 있다.

고대 그리스 사람들은 사랑에 관한 모든 것은 에로스가 관장하고 있다고 믿었다.

이 유형의 사람들은 사랑을 낭만적이라고 생각하며 첫눈에 반해 성적 매력과 열정에 빠져드는 편이다. 이성보다 감정에 충실하며 서로의 만남을 운명이라고 생각해 육체적인 사랑을 추구하는 경우가 많다. 서로가 서로에게 몰두하길 바라지만, 그렇다고 서로를 소유하고자 하지는 않는다.

"오빠는 나를 어떤 존재로 생각하는지 정말 모르겠어요."

"그게 무슨 말이니?"

"늘 저와 만나면 데이트 코스가 똑같았어요. 저도 남들처럼 추억을 만드는 멋진 데이트를 꿈꾸는데, 오빠는 영화 보고, 밥 먹고, 방 잡고 또는 밥 먹고, 커피 마시고, 방 잡고……. 이건 아니잖아요."

이와 같이 반복되는 상황으로 인해 어느새 자연스럽게 이별을 생각하게 된다고 하였다.

에로스는 그리스 신화에서 나오는 사랑의 신이다. 이런 유형의 사람은 관능적 · 열정적인 사랑으로 신체적 매력을 중요하게 여기며,

마음에 드는 상대를 만나면 첫눈에 반하여 사랑을 나눈다. 이 사랑을 추구하는 사람은 사랑하는 사람을 위해서라면 뭐든지 할 수 있고 상대가 자신에게 몰두하기 바라지만 이는 소유욕이 아닐 수 있다. 여기서 에로스는 보통명사로서도 '사랑'을 의미하며, 아가페의 상반되는 개념으로서 사용된다. 그리스 신화에서도 나왔듯이, 에로스는 충동적인 성애의 쾌락으로 이성 간의 육체적 사랑을 나타낸다. 이와 반대로 아가페는 인간과 신에 대한 기독교적인 사랑이나 인간 상호 간의 형제애를 의미하기도 한다.

루두스 – 유희적 사랑

연애한 지 8개월 쯤 되는 남학생이 말했다.

"그냥 자기가 나 싫으면 가 버리면 되잖아요. 왜 자꾸 자기 식으로 나를 끌고 가는지."

"무슨 일 있었니?"

"아니 여자친구는 너무 답답해요. 처음부터 계속 저에게 잔소리만 해요. 저를 위해서라는 둥, 미래를 위해서라는 둥, 전 벌써 나를 그렇게 가두는 느낌도 싫고 너무 미래, 미래…… 이런 식도 짜증나요."

평소 유심히 지켜본 ○○는 이런 말을 한다. 자신은 현재의 여자친구를 아직은 미래까지 염두에 두고 만나고 싶지는 않다고 말이다.

이 사랑의 유형은 사랑은 게임처럼 일종의 놀이와도 같다고 생각하며 사랑에 흥미가 떨어지면 언제든지 떠날 준비를 한다. 그리고 오로지 한 사람에게만 집중하지 않고, 한꺼번에 여럿을 만나는 일도 있다. 이런 유형은 깊은 사랑에 빠질 의도가 전혀 없고, 상대가 너무 깊이 다가오려고 하면 불편해한다.

이 유형은 사랑을 진지하게 바라보지 않고 재미로 하는 사람들의 사랑 방법을 의미하며, 루두스는 라틴어로 놀이나 유희를 의미한다. 이런 사랑을 하는 유형은 언제든 상대방을 떠날 준비가 되어 있으며, 오로지 한 사람에게만 집중하지 않고 한꺼번에 여러 사람을 만나기도 한다. 그리고 가장 중요한 핵심은 사랑에 빠질 의도가 없고, 상대가 자신에게 다가오면 불편해한다. 그리고 여러 명의 이성과 연애하는 것에 능숙하며 여러 명과 연애를 해도 죄의식을 느끼지 않는다.

바람둥이로 유명한 카사노바

스토르게 - 좋은 친구같은 사랑

스토르게는 그리스어로 부모와 자녀 간의 사랑, 형제애와 같은 의미로서 가족 간의 사랑을 의미한다. 이 사랑은 열정보다는 우정에 가까우며, 처음에는 친구로 시작하기 때문에 가끔 이것이 사랑인지 모르는 경우가 많다. 그리고 이 유형은 서로에게 우정이나 동료 의식의 감정을 가지고 있기 때문에 연애를 하면서도 질투심이나 불안함을 잘 느끼지 못하기도 한다. 안정적이지만 열정적이지는 않고, 서로의 외모에 대해서도 별로 집착하지 않는다.

"우린 늘 오랜 친구처럼 지내 왔어요. 그래서 여자친구가 조금은 답답해 할 수도 있을 거예요. 이게 문제일까요?"

"아니. 지극히 자연스럽다고 생각해도 돼. 사랑의 모습은 모두 다르니까."

"사실 다른 사람들이 보면 좀 답답할 것 같기도 하고요."

"남의 시선이 중요한 것은 아니잖아. 너희 두 사람이 좋으면 되는 거니까."

"그렇긴 한데 사람들 말로 '가족이냐?'부터 '설렘은 있냐?' 등 이런 말을 들으면 살짝 기분은 별로죠."

"여자친구는 뭐래?"

4. 사랑의 색채 이론

"여자친구도 이젠 가족처럼 편하고 좋대요."

"그럼 됐지."

스토르게는 '자연적인 애정'을 뜻하는 그리스어에서 유래했으며, 이런 사랑의 형태는 부모와 자녀, 형제자매, 대가족 간의 가족애를 포함한다. 또한 관심사와 헌신을 공유하는 사람들이 점차 서로에 대한 애정을 키우는 우정에서 발전될 수 있으므로 사랑을 우정으로 표현한다.

이 사랑의 유형은 사랑은 사랑하는 사람끼리 서로를 편안하고 친근하게 생각하고, 서로 관심사가 비슷하고, 서로에 대한 존경과 배려가 깔려 있어야 하며, 특히 사랑에 빠지는 데 오랜 시간이 걸린다. 그리고 서로에 대한 깊은 신뢰를 바탕으로 두기 때문에 오랜 기간 떨어져도 불안해하지 않으며 불같이 타오르는 열정적인 사랑은 아니지만 안정감을 주는 사랑을 한다.

프라그마 – 실용적 사랑

계산적인 연애, 이 유형을 떠올리는 단어이다. 연애를 주로 자신의 목적을 달성하기 위한 수단으로 사용한다. 이 유형은 루두스와 스토르게의 조합으로서 현실적이고 실용적인 사랑을 표현한다. 사랑은 현실이라고 생각하고 실용적인 사랑관계를 중요시한다. 특히 자신이 원하는 자질이나 특성을 상대방이 가지고 있어야 하며 계산적이고 이성적이다.

"교수님! 저 차였어요."

이번 학기 처음 수업을 들었던 ○○가 2주 동안 결석을 하더니 불쑥 찾아와서 꺼낸 말이다.

2주 만에 너무 야윈 ○○를 보며 말했다.

"괜찮아? 밥도 못 먹었겠네."

"사실 오빠가 먼저 저 보고 사귀자고 했었고 그래서 사귀게 됐는데, 이유도 딱히 없이 같이 수업 들으니까 불편해서 수업을 못 들어가겠더라고요."

"그랬구나. 난 걱정을 했는데, 혼자 수업에 오는 걸 보니 그런 예감이 들긴 했었어."

"제 친구들이 저 보고 그랬어요. 오빠 집안이 부유하니까 잘 만났다고. 사실 선물도 비싼 거 해 주고 그랬어요. 근데 어느 날 느낌이 좀 그렇더니……."

"마무리가 어땠어?"

"딱히 뭐라 말이 없어 헤어진 건지도 모르겠고, 잠도 안 오고 밥도 먹기 싫어서 3일째 아무것도 안 먹고 싶어요."

"종강까지 몇 주 남았는데 어떻게 하는 게 좋을까?"

"어제 고민해 봤는데 나만 이러고 있더라고요. 그래서 더 속상해요. 전부터 자꾸 예전 여자친구랑 저를 비교하기도 했고요."

○○가 끝내 울음을 터뜨렸다.

가요 「사랑은 늘 도망가」 가사처럼…

눈물이 난다 이 길을 걸으면
그 사람 손길이 자꾸 생각이 난다
붙잡지 못하고 가슴만 떨었지
내 아름답던 사람아
사랑이란 게 참 쓰린 거더라
잡으려 할수록 더 멀어지더라
이별이란 게 참 쉬운 거더라

　　이 유형은 연애를 하면서 핵심적으로는 사랑을 사랑이 아니라 다른 목적을 달성하기 위한 수단으로 생각하는 유형이다. 그리고 대부분 연애를 주로 자신의 지위를 상승시키기 위한 목적으로 사용하기도 하며, 현실적이고 실용적인 사랑의 관계를 중요시하고 상대방을 선택할 때도 자신에게 이익이 되는지 따진다. 드라마나 영화에서 보이는 나쁜 남자나 착한 척하지만 악녀 기질을 가지고 있는 사람들이 이 유형에 속한다.

결혼을 일생일대의 비즈니스로 삼은 여자의 이야기를 담은 드라마 〈청담동 앨리스〉

마니아 – 의존적 사랑

이 유형은 의존성과 질투가 강하며, 감정이 매우 격하고 독점욕도 매우 강하다. 특히 상대방에게 집착할 정도로 매번 사랑을 확인하려는 경향성이 강하다. 그리고 늘 불안하리만큼 불안정한 감정으로 상대방을 대하고 불안감을 느끼게 되면 식욕이 급격히 떨어지고 잠을 못 이루기도 한다. 감정 기복이 심하다 보니 상대방의 기분은 고려하지 않고 강박적이며 강한 집착을 보이며, 상대방에게 집착을 하다 보니 연애를 할 때에도 매우 불안정하여 잠을 못 이루는 등의 신체적 증상을 보인다.

영화 〈미저리〉는 스티븐 킹의 소설을 영화화한 수많은 작품 중에서도 가장 높은 평가를 받은 작품이다. 영화의 줄거리는 베스트셀러 작가 폴 쉘든이 작품을 완성하고 집으로 돌아오는 길에 심한 눈보라에 충돌사고를 내고 정신을 잃는다. 그는 심한 부상을 입었지만 전직 간호사 애니 윌크스에 의해 구조된다. 폴의 광팬인 애니는 폴을 산 속에 있는 자신의 외딴 집으로 데리고 간다. 폴에게는 불행하게도 애니가 사이코에 가깝다. 그녀가 가장 좋아하는 폴의 소설에서 폴이 여주인공을 죽여 버렸다는 것을 알게 된 그녀는 폴을 문자 그대로 엄청난 궁지로 몰아넣는다.

영화 〈미저리〉의 한 장면

"제 남자친구는 제가 다른 사람을 못 만나게 해요. 전 입학하고 나서 학교 친구들하고 재미있는 일을 한 번도 경험하지 못했는데……."

요즘 들어 고등학교 때부터 사귄 남자친구 때문에 힘들다는 ○○의 이야기다. ○○는 고등학교 시절부터 사귄 남자친구가 있는데 그 친구는 대학을 다니지 않고 있기에 ○○는 일거수일투족을 그가 하라는 대로 하고 있다고 하였다.

"사실 가끔은 헤어지고 싶어요. 대학생활 2년 동안 아무 경험도 못해 본 것이 후회되고 이제는 친구도 없어요."

○○는 슬슬 남자친구가 미래 계획도 없는 것이 꼴 보기 싫어졌다고 했다. 그리고 무엇보다 그냥 생각 없이 사는 게 예전에는 안 보였는데 이제는 보이기 시작했다고 하였다.

"두 사람 사이에서 한 쪽이 그렇게까지 간섭한다는 것은 건강하지 못한 모습인 것 같아 보여. 너는 어떻게 생각해?"
"저도 요즘 들어서 그래요. 이러면 나중에 더 힘들어질 것 같아서 헤어지는 게 맞는 걸까요?"

이 사랑은 강박적인 사랑을 나타내는 에로스와 루두스의 조합으로서 의존성과 질투가 특징적이며 감정 기복이 심하다. 이 유형은 상대방의 기분은 고려하지 않고 강박적이며 강한 집착을 보이기도 하고 사랑을 받는 것에 대한 반복적인 확인을 요구한다. 자주 강박적이고 소유욕이 강한 이들은 상대방을 전혀 고려하지 않으며 오로지 자신이 사랑받고 있음을 확인하는 데 집착한다. 따라서 대부분의 관계에 만족하지 못하며 상대에게 더 많은 애정과 헌신을 요구할 뿐이다. 상대방을 별도의 인격체로 보기보다는 자신의 소유물로 생각한다.

아가페 – 헌신적 사랑

이 사랑은 이타적이며 헌신적 사랑으로 에로스와 스토르게가 합쳐진 유형이라 할 수 있다. 특히 이 사랑은 무조건적인 사랑으로서 자기희생적이고 조건 없는 사랑을 말하며, 흔히 종교적 가르침 또는 종교적 지도자들이 아가페에 속한다고 본다. 또 다른 아가페의 의미는 '인간에 대한 신의 사랑과 신의 희생'으로서 결과적으로 인간을 구원한다는 의미다. 아가페를 추구하는 사람들은 누군가 자신을 필요로 할 때 그 사람을 위해 희생함으로써 기쁨을 느낀다.

이 유형은 상대방을 위해서라면 무엇이든 해 주는 이타적인 사랑이며, 이기심이 없고 자비로우며 헌신적이고 타인 중심적이다. 여기서 아가페의 의미는 '인간에 대한 신의 사랑과 신의 희생'이듯이, 결과적으로 인간을 구원하는 의미로까지 나아가므로 헌신적 사랑의 의미가 내포되어 있다. 즉, 자신의 모든 것을 다 주면서 대가를 바라지 않는 사랑을 말한다.

아가페는 인간에 대한 신의 사랑과 신의 희생이라는 의미가 있다.

5. 사랑의 수레바퀴 이론

라이스(Reiss, 1971)는 친근감 형성, 자기개방, 상호 의존, 친밀감 욕구 충족이라는 네 가지로 구성된 수레바퀴가 마치 회전을 하듯이 사랑이 발달한다는 사랑의 수레바퀴 이론을 발표하였다. 이 이론의 4단계 순환 과정은 다음과 같다.

친근감 형성 단계(라포 형성)

사랑하는 상대방에게 서로 매력과 흥미를 느끼고 각자가 중요하게 여기는 속성을 발견하여 서로에 대해 존경과 믿음, 친근감을 경험하면서, 더 깊이 알아 가고 싶어 하는 단계다.

자기개방 단계(자기노출)

사랑하는 두 사람이 서로의 생각과 감정 그리고 사적인 정보를 서로 나누고 의사소통을 함으로써 상호 이해를 공유하고 더욱 관계가 밀접해지는 단계다. 이 단계에는 자존감이 높은 사람은 자기개방을 잘하지만, 자존감이 낮거나 자기개방을 하는 것에 불안감을 느끼는 사람은 자기개방을 꺼리는 경우가 있다. 자라난 성장 환경이 개방적인 사람이 억압적인 환경에서 성장한 사람보다 자기개방을 더 많이 하기도 한다.

상호 의존 단계

자신의 생각과 감정을 표현하고 서로에 대해 더 많이 이해하게 됨으로써 서로에 대한 의존도가 증가하게 되는 단계다. 이 단계에는 공통의 생활 방식과 의사소통 방식에 익숙해지고 서로의 욕구에 반응하는 데 익숙해져서 함께 있고 싶어 하지만, 간혹 혼자 있을 때 허전함과 서로의 존재의 대해 필요성을 크게 느낀다.

친밀감 욕구 충족 단계(개인 욕구충족)

두 사람의 관계가 발전하게 되면서 점점 더 친밀감의 욕구가 충족됨을 경험하게 되는 단계다. 그 결과, 두 사람은 더욱 일치감을 느끼고 친근감을 통해 자기개방과 상호 의존성이 깊어져서 친밀감과 욕구 충족이 극대화됨으로써 서로에 대한 정서적 안정감을 가지게 되고 인간의 기본 욕구를 만족시키게 된다.

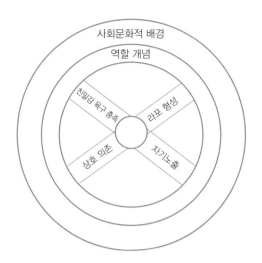

이 이론에 따르면 사랑의 차원은 마치 수레바퀴처럼 순환적 효과를 지니는 것이며, 상호 매력은 자기노출을, 자기노출은 상호 의존을, 상호 의존은 개인의 욕구 충족을 이끌어 내는 것이다. 수레바퀴가 둥글게 돌아가듯이, 서로 간의 사랑도 어느 특정한 단계에서의 어려움은 사랑의 발달을 거꾸로 회전시켜 애정이 진전되는 것을 멈추게 하기도 한다. 이 이론에서는 사랑이 수레바퀴처럼 돌아간다는 이론을 통해 일단 사랑에 빠진 사람이 언제나 그 사랑에 머물러 있지만은 않다는 것을 시사한다. 즉, 지금 하고 있는 사랑을 유지하기 위해서는 자기 자신과 사랑하는 사람에 대한 끊임없는 탐색과 노력이 필요하며, 상대방의 인격에서 계속적으로 주목할 것과 독창적인 것을 발견하는 것이 필요하다.

결론적으로 사랑은 우연히 일어나지 않고 서로 노력하거나 후천적으로 학습된다. 따라서 서로를 신뢰하고 자신의 생각과 의사결정을 서로 공유하며 서로를 지지하고 자신감을 북돋아 주는 과정이 필요하다.

이 외의 사랑에 대한 주요 이론

진화심리학적 이론
진화심리학적 이론은 사랑을 종족 보존의 기능을 하는 심리적 현상으로 이해한다.

정신분석적 이론
정신분석적 이론은 사랑을 성적 욕구가 승화되어 나타난 것으로 보며, 프로이트는 성적 욕구를 인간의 가장 기본적 동기로 보았다.

애착 이론
사랑의 애착 이론은 어린 시절 어머니와의 애착관계가 성장 후 인간관계, 특히 이성관계에 영향을 미친다고 보았다. 볼비의 애착 이론에 근거해 성인이 사랑을 하는 방식은 어머니와의 애착 유형에 영향을 받는다고 주장하였다.

인지 이론
인지 이론은 개인이 사랑에 대해서 지니고 있는 믿음이나 기대가 사랑의 체험과 행동에 영향을 미친다고 보았다.

어느 날 문득 찾아온 사랑,
그 시작점

01
어느 날
사랑이 찾아오다

1. 남자와 여자가 사랑에 빠지는 이유

사랑이란 무엇일까? 이 질문은 무수히 많은 사람이 던지는 것이지만, 이 질문에 망설임 없이 정답이라고 답할 수 있는 사람은 몇이나 될까?

남자와 여자가 사랑에 빠지는 과학적인 이유(호르몬 때문이라고?)

"사랑은 머리가 아니라 가슴이 시키는 것이다."라는 말을 들어본 적이 있는가? 2000년 미국 코넬 대학 인간행동연구소의 신디아 하잔 교수팀의 사랑에 관한 연구 결과를 보면 연인들이 사랑을 시작할 때 특정 호르몬과 신경전달물질이 사랑의 감정을 전달하고 퍼뜨리며 평소와 다른 상태로 만든다고 하였다. 이러한 호르몬 작용은 영원히 지속되지 않고, 2년이 지나면 사랑의 감정은 이 물질에 대한 항체를 만들어 내면서 점점 사라진다. 그렇다면 사랑을 시작하는 연인들의 몸 안에서는 어떤 화학물질이 어떻게 만들어지고 어떻게 작용하는 것일까.

첫째, 연인의 사랑의 시작을 돕는 호르몬, 도파민

누군가를 보고 첫눈에 반하는 순간 우리 몸에서 분비되는 물질은 도파민이다. 이 도파민은 신경전달물질 중 하나로 뇌신경세포에 흥분을 전달하는 물질이다. 이 물질은 맛있는 음식을 먹거나 좋아하는 것을 보거나 마음에 드는 사람을 만났거나 사랑에 빠졌을 때, 우리의 뇌는 도파민이 퍼지면서 흥분 상태를 지속시키며 얼굴에 생기가 돈다.

둘째, 나도 내가 왜 이러는지 잘 모르게 만드는 호르몬, 아드레날린·노르아드레날린

아드레날린과 노르아드레날린은 신장 위 부신에서 만들어지며, 스트레스 에너지를 통해 뇌가 자신의 네트워크를 최적의 상태로 확장시키는 역할과 인간이 생존하도록 돕는다. 좋아하는 사람 앞에서 갑자기 얼굴이 빨개지고 심박수가 증가하거나 평소와 다르게 긴장하여 동공이 확장되고 근육이 수축되는 것은 아드레날린과 노르아드레날린의 분비 때문이다.

셋째, 내 눈에는 너 밖에 안 보이게 하는 호르몬, 페닐에틸아민

흔히 사랑에 빠진 사람들을 가리켜 '눈에 콩깍지가 씌었다.'라고 표현한다. 다른 사람들이 보기엔 평범한 사람도 자신의 눈에는 특별해 보이고, 그 사람이 아무리 미운 짓을 해도 예뻐 보이는 것은 페닐에틸아민 때문이다. 이 물질은 이성을 마비시키고 열정이 샘솟게 하고, 그 사람을 생각하면 기분이 좋아져 모든 것이 너그러워지게 한다. 이런 이유로 이 물질을 천연 각성제라고 부르기도 하며, 이 성분은 달콤함으로 입맛을 사로잡는 초콜릿에도 들어 있다.

넷째, 사랑의 호르몬, 옥시토신

그리스어로 '일찍 태어나다'라는 의미를 가진 옥시토신은 임신 중 황체호르몬(프로게스테론)의 영향으로 자궁에 작용하지 않다가 출산 때 황체호르몬의 양이 급격히 감소하면서 젖분비 자극 호르몬인 '프로락틴'과 함께 뇌하수체 후엽에서 분비되므로 모성애와 관련된 호르몬으로 여겨졌다. 그러나 1970년대에 새로운 기능이 발견되면서 옥시토신이 성생활이나 대인관계에서 매우 중요한 역할을 하는 것으로 밝혀졌다. 이 물질은 신체에서 부드러운 근육을 자극하고 신경을 예민하게 만들어 주므로 남녀가 사랑에 빠지면 상대방을 꼭 껴안고 싶은 충동에 사로잡히게 된다.

다섯째, 내 여자는 내가 지킨다는 호르몬, 바소프레신

바소프레신은 남성 호르몬의 영향을 받는 애정 호르몬으로서 우리 몸의 수분량을 조절하고 혈관을 수축하도록 조절하는 호르몬이다. 이 물질은 분비되는 부분과 역할이 옥시토신과 비슷하여 옥시토신의 형제 호르몬이라고도 불린다. 특히 바소프레신은 남성이 여러 여성을 만나려는 마음과 혼자 있고 싶은 마음을 피하도록 돕고 이 호르몬이 분비되면 남성은 자기 영역을 지키고자 하는 의식이 높아진다. 따라서 이 호르몬은 다른 이성에게 한눈을 팔지 않으며 자기 영역권 안에 있는 사람을 자신이 지키려는 의지를 보인다. 실제로 이 바소프레신이 줄어들면 이혼율이 높아진다는 통계 결과도 있다.

여섯째, 이 세상 가장 편안하고 행복한 상태, 세로토닌

세로토닌은 신경세포가 만나는 접합부인 시냅스에서 분비되어 뇌를 자극하는 호르몬이자 신경전달물질 중 하나이다. 이 호르몬은 식사, 수면, 기분 등 우리 몸의 전반적인 생리적인 욕구에 관여하며, 특히 우리가 느끼는 행복감과 우울감에 크게 관여한다. 세로토닌은 평온하고 안정감을 주는 호르몬이다. 사랑에 빠지게 되면 행복한 감정에 푹 빠지게 되는데, 이것이 바로 세로토닌 덕분이다. 이 호르몬은 사랑과 행복의 감정을 안겨 주어 기분을 좋게 하고 심신이 안정되고 평화로울 때 많이 분비되기 때문이다.

결론적으로, 사랑에 빠지면 우리의 몸은 호르몬의 작용으로 그 사람에게 끌리기도 하고 그 사람이 그립고 함께 있을 때 서로 만지고 싶고 껴안고 싶은 것이다. 대부분 누군가에게 호감을 느끼면서 사랑이 시작되고 첫눈에 사랑에 빠지면서 그 사람의 호감과 관심을 사기 위해 여러 가지 노력을 하지만, 이러한 노력과는 별개로 우리 몸 속에서는 왕성한 화학작용이 이루어진다.

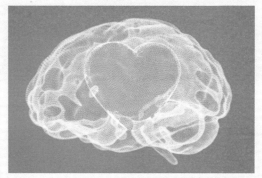

출처: 브런치 스토리.

사랑에 빠진 사람의 뇌

연구에서 사랑에 빠진 사람들의 뇌는 화학물질인 도파민이 높은 수준으로 나타났다. 사랑에 빠진 보상으로 분비되는 도파민은 욕망, 중독, 행복감 등과 연결된 고통과 기쁨을 느끼게 해 사랑을 포기하지 못하게 만드는 중요한 열쇠가 된다. 도파민이 분비되면 코카인과 같은 오피오이드계 약물을 복용하는 것과 비슷한 효과를 볼 수 있다.

도파민이 상승하면서 나타날 수 있는 부작용은 식욕 및 기분과 관련된 주요 호르몬인 세로토닌의 감소다. 세로토닌 수준이 낮아지면 강박 신경증에 빠진 사람과 유사한 상태에 빠지게 된다. 이것은 사

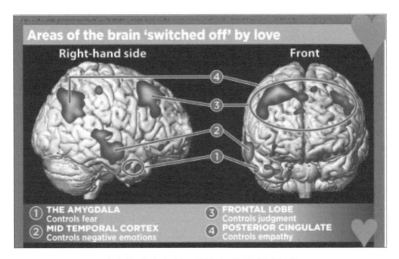

사랑에 빠지면서 '스위치가 꺼지는' 뇌 부위

주: 1. 편도체: 두려움 제어 2. 중간측두피질: 부정적 감정 통제
    3. 전두엽(이마엽): 판단 제어 4. 후측대상회(후측대상피질): 감정(공감) 통제
출처: 데일리메일 캡처.

랑하고 있는 사람들이 불안과 초조함에 시달리는 이유를 설명한다.

정신분석학자 프로이트는 사랑의 본질에 관해서 진정한 사랑은 상대방에게서 자신의 모습을 보게 되는 '나르시시즘, 즉 자기애'라고 하였다. 이것은 상대방을 통해 나의 정서를 확인하면서 그것에 관해 편안하다고 생각하고, 그 편안함을 다시 나 스스로가 좋은 것이라고 착각하는 것을 말한다. 그리고 결국 그 감정이 편하거나 좋은 게 아니라 그냥 익숙했다는 것을 알게 되면서 상대방과 나에 대한 미움과 원망이 커지게 되는 것이다.

장맛비가 억수같이 내리는 어느 날, 한 통의 전화가 왔다. 수화기 너머 빗소리가 들리고 한참 정적이 흐르고,

"교수님! 저 힘들어요……."

"어디니?"

"그냥 길이에요."

수화기 너머에 흐느끼는 소리가 들린다.

"많이 힘들면 나에게 올래?"

"저, 죽고 싶어요……."

빗소리가 더 굵어지고 ○○가 숨죽이며 울먹이는 소리가 들린다.
○○의 눈물이 내 마음속으로 떨어진다.

Love is real, real is love

Love is feeling, feeling love

Love is wanting to be loved

Love is touch, touch is love

Love is reaching, reaching love

Love is asking to be loved

Love is you, you and me

Love is knowing we can be

Love is free, free is love

Love is living, living love

Love is needing to be loved

− 존 레논의 〈Love〉 중에서 −

이 노래가사처럼 사랑에 대해 말하는 것은 쉬운 것 같으면서도 어

럽다. 사랑에 대해 정확하게 정의를 내리는 것 또한 쉬운 일이 아니다.

오래전 어느 드라마 대사를 CF에서 패러디해서 유행한 부분이다.
'사랑'이 어떻게 변하니?

그렇다. 사랑은 변한다? 아니 안 변한다?
사람마다 이 물음에 대해 답변이 각기 다를 수 있다. 그리고 사랑을
모르는 사람은 없지만 이 사랑에 관해 정확하게 아는 사람도 없다.

이 사랑이라는 것은
첫째, 어떤 사람이나 존재를 몹시 아끼고 귀중히 여기는 마음이다.
둘째, 어떤 사물이나 대상을 아끼고 소중히 여기거나 즐기는 마음
또는 그런 일이다.
셋째, 남을 이해하고 돕는 마음 또는 그런 일을 가리킨다.

2. 사랑의 시작, 끌림-설렘-울림-그리고 사랑

끌림이란?

누군가를 만났을 때 이유 없이 그 사람에 대해 신경이 쓰이고 마치 100미터 달리기를 하는 것처럼 심장이 뛸 때 그것은 '끌림'이라 할 수 있다. 끌림은 그 사람이 풍기는 이미지나 말투 그리고 그 사람이 나에게 주는 어떤 편안함이 있다면 그것이 나의 어린 시절 기억의 한 페이지 안에서 어떤 기억과 연결되는지를 살펴볼 필요가 있다. 첫인상의 법칙과도 같은 끌림은 결국 3초 안에 내 마음속에 누군가가 들어오는 것이다. 만약 상대방에게 끌림이 없다면 길게 가지 말고 거기에서 멈추고 스스로에게 질문을 하는 과정이 반드시 필요하다. 이러한 과정은 두 사람의 관계가 발전할 수 있도록 돕는다. 즉, 좋은 관계의 시작은 결국 나 자신이 열쇠를 가지고 있다는 것을 잊지 말아야 한다.

설렘이란?

설렘의 사전적 정의는 '마음이 가라앉지 아니하고 들떠서 두근거리는 마음 또는 가만히 있지 않고 자꾸 움직이는 감정으로서 사랑에 빠졌을 때 나타나는 감정'이다. 그 사람에게서 끌림이라는 감정을 느끼고 난 이후에 드는 설렘이라는 감정은 연애 초보가 잠시 불타는 관계를 가질 수 있게끔 만들어 주는 것이다. 이 감정은 순간적으로 가슴이 쿵 뛴다고 느껴질 정도로 심장이 뛰는 것을 느끼기도 한다. 요즘은 이런 감정을 느낄 때 '심쿵'이라는 단어를 쓰기도 한다. 이때 사랑이 시작되는 것이다. '나' 아닌 '타인'을 만나 그 상대방을 조금씩 알아 가는 과정에서 '설렘'이라는 감정은 어쩌면 사랑의 필수요소일지도 모른다.

울림이란?

누군가를 만나고 끌림과 설렘이라는 심장의 두근거림과 떨림을 느끼게 되면 마음속 깊은 곳에서 그 사람을 향한 울림의 파장이 일어난다. 이러한 울림은 보이지 않는 사람의 감정이 심장에 파동을 일으키며 그 사람에게 빠져드는 것이다. 이러한 울림은 두 사람이 만나서 첫눈에 반하거나 심쿵하는 순간을 지나며 함께 사랑에 빠지고, 그리고 사랑하게 된다. 하지만 어느 순간 사랑이 식는다면 갈등을 경험하면서 결국 이별을 선택하기도 한다. 그러나 모든 연인은 불행하게도 사랑에 빠지는 순간이 다르고, 사랑하는 속도 또한 모두가 다르다. 이렇듯 이별의 이유도 다르고, 헤어진 뒤 그 사람을 잊는 시간이나 그 사람을 잊지 못해 힘들어하는 감정 또한 다르다.

사랑이란?

사랑은 '나'와 '누군가'가 관계를 맺고 연결되는 과정에서 발생하는 것이며, 나 자신이 더 깊은 방법으로 누군가와 연결이 되어 있다고 느끼게 하는 강력한 힘이다. 특히 이 사랑이라는 감정은 '옥시토신'이라는 물질이 분출됨으로써 사랑이라는 감정을 느끼게 된다. 또한 사랑의 감정은 열린 마음으로 그 사람을 보살피고 애정을 표현하며, 서로에 대해 책임감을 가지고 상대방을 존중하고, 상대방에게 충실함과 헌신을 다하면서 서로를 신뢰하는 것이다.

3. 설렘과 떨림의 그 이름, 사랑

똑똑!

평소 자주 나에게 이런저런 이야기를 털어놓던 한 학생이 어느 날 불쑥 찾아왔다.

오랜만에 어떤 이야기를 할지 기대감이 차올랐다. 얼마 전 남자친구와 헤어지면 하던 가슴앓이를 끝냈을까? 아니면 아직도 마음속에서 그 친구를 떠나보내지 못한 것일까? 이런저런 혼자만의 생각과 상상으로 ○○를 바라보는데 갑자기 말을 꺼냈다.

"교수님! 사랑이 뭘까요?"

○○의 다소 상투적인 질문에 갑자기 생각했다. '사랑, 사랑을 뭐라 할까?' 머뭇거리는 사이 ○○가 또 질문을 던진다. 아니 한숨과 울먹임이 섞인 채 푸념을 이어갔다.

"교수님! 정말 속상해요."

"오빠가 매달릴 때 '그냥 모르는 척 용서해 줄 걸.' 하는 생각도 들었다가 이런 게 한두 번이 아니어서 또 용서하면 다시 내가 힘들 것이라는 생각에 그냥 후회하지 말자는 생각을 하니 막 화가 나요."

○○의 남자친구는 다른 여자와 환승연애를 하다가 들킨 것이 두 번이고 그때마다 무릎 꿇고 잘못했다고 용서해 달라고 잘하겠다고 하는 바람에 용서를 해 준 전력이 있었다. 그러나 다시는 안 그러겠다던 남자친구가 또 다른 사람을 만나다 들키게 된 것이다. ○○는 또 울먹이며 말했다.

"사랑한다고 나만 영원히 사랑하겠노라 말을 해 놓고, 물론 요즘 그 말을 곧이곧대로 믿는 사람이 어디 있냐는 그 말도 전 알아요. 그런데 그래도 전 속상해요."

사랑의 의미와 유효기간

영어로 사랑을 뜻하는 단어인 '러브(love)'의 어원은 '기뻐하다'라는 뜻의 라틴어 '루베레(lubere)'에서 유래된 것이다. 그 사람을 만났을 때 얼마나 기쁜가. 그게 바로 사랑의 정도라는 것이다. 즉, 사랑의 의미는 아끼고 위하며 따뜻한 인정을 베푸는 일 또는 그런 마음을 가리키고, 또 다른 의미는 '그 사람을 생각하는 마음의 깊이'이다.

오래전 중국의 사천대학교 하서제 병원에서 25세의 남성이 암투병 중인 여자친구에게 청혼을 하는 모습(사진 참조)을 방송으로 보았다. 병원 의료진들과 주변 사람들의 도움으로 서프라이즈 프러포즈를 하는 순간을 만들기 위해 9년 동안 두 사람이 추억으로 간직했던 사진들을 걸고 영상을 보냈다. 그리고 눈물을 흘리는 여자친구에게 반지와 꽃을 건네며 이 세상 그 어떤 프러포즈보다도 멋진 순간을 그녀에게 선물하였다. 그리고 그녀에게 암을 이겨 내고 건강하게 퇴원하여 아이도 낳고 행복하게 살자고 약속했다.

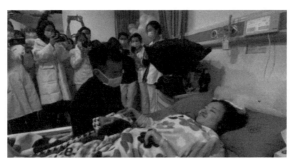

출처: 바이두.

이런 사연들을 접할 때면 나 스스로에게 물음을 던져 본다.

"진정한 사랑의 의미는 무엇일까?"

그렇다면 사랑의 유효기간은 얼마일까?

많은 학자가 그 기간에 약간씩의 차이는 있지만 대부분 2~3년 정도라고 한다. 이 유효기간이 지난 이후에도 알콩달콩 잘 지내는 커플들은 정, 즉 애착관계가 잘 형성되어 있기 때문이다.

심리학에서는 오랜 기간 사귀고 정이 든 상태도 사랑이라고 한다. 그러나 약간 다른 점은 2년 동안의 사랑은 열정적인 사랑이라고 표현하지만 그 이후의 사랑은 동반자적 사랑이라고 표현한다. 사랑을 과학적으로 말하면 '화학작용'이다. 사랑을 하는 사람들의 뇌를 관찰해 보면 뇌에서 화학물질이 분비되는데, 그 물질들은 도파민, 엔도르핀, 옥시토신, 페닐에틸아민 등이다.

그렇다면 이 사랑의 화학물질은 언제까지 분비되는 것일까? 미국 코넬 대학교 신시아 하잔 교수는 2년 동안 미국인 5천여 명을 대상으로 인터뷰 조사를 진행한 결과, 열정적 사랑의 평균적인 수명은 18~30개월이라는 결과를 발표하였다. 또한 사랑에 빠진 지 1년쯤 지나면 사랑의 열정적 감정은 50% 정도 감소한다고도 밝혔다. 물론, 그 이후로 열정은 계속 감소한다고 하였다.

왜 그런 걸까?

서로 사랑하는 사람과의 감정이 계속될 수는 없는 것일까?

죽을 때까지 한 사람을 사랑할 수는 없는 것일까?

하잔 교수는 사랑하는 연인들을 관찰한 결과 사랑하는 사람과의 열정이 지속되는 시기는 약 900일까지라고 하였다. 그 기간이 지나고 나면 그 이후는 서로를 향한 열정이라기보다 '애착', 한국 사람들이 흔히 말하는 '정'이다.

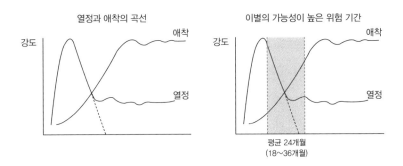

사랑에 빠지면 뇌의 가장 깊숙한 곳에 자리 잡은 '미상핵'이라는 부분이 활성화된다. 이 미상핵이 활성화되면 사랑의 묘약이라 불리는 '도파민'이라는 물질이 분비된다.

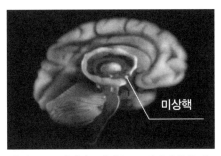

출처: EBS 〈사이틴〉, 사랑은 900일간의 폭풍 편.

그러나 야속하게도 시간이 지날수록 이 미상핵의 활동이 약해지며 빛을 잃어 가고 이성적 사고를 담당하는 대뇌피질의 활동이 강해지게 된다. 이러한 열정적 사랑을 만드는 미상핵이 약해질수록 심장의 두근거림과 열정의 감정도 점점 약해지며 사랑의 콩깍지가 점점 벗겨지는 것이다.

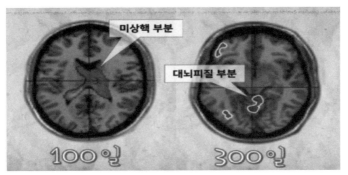

출처: EBS 〈사이틴〉, 사랑은 900일간의 폭풍 편.

　우스갯 소리로, 판단력이 부족하면 혼인을 하고, 이해력이 부족하면 이혼을 하고, 기억력이 부족하면 재혼을 한다는 말이 있다.
　하잔 교수의 연구에 따르면, 사랑하는 사람들이 서로에 대한 열정이 줄어드는 순간부터 반대로 애착의 정도가 올라가며, 이 애착은 지속적으로 쌓이면 어느 때부터 그 열정이 줄어들지 않고 계속 유지된다고 하였다.

4. 사랑의 가장 밑바탕 그 이름, 애착

길을 걷다가 문득 스치는 어떤 사람.
나는 발걸음을 멈추었다.
'아, 이건…… 엄마 냄새?'
뒤를 돌아보았다.
스치듯 지나간 그 사람의 모습은 저만큼 멀어져 있었다.
갑자기 내 눈에 눈물이 핑 돌았다.
'보고 싶은 엄마……'

하늘을 올려다보았다.

눈부신 햇살 사이로 엄마의 미소가 보인다. 엄마에게는 늘 엄마 냄새
가 났다.

툇마루에서 엄마의 무릎을 베고 누우면 귀를 후벼 주시거나 머리를
쓰다듬어 주시던 엄마. 그때 엄마 냄새는 더 나의 코를 찌르고, 난 어
느새 스르르 잠이 들었다.

나는 아직도 엄마 냄새를 잊지 못한다.

"거울보다 먼저 보는 건 엄마의 얼굴이에요."

존 볼비는 말했다. 애착 이론의 아버지라 불리는 그는 애착은 유
아의 생존을 위해 필요한 행동이라고 하였다.

요즘 가장 '핫'한 MBTI보다 중요한 애착, 왜 중요할까?

우리는 누구나 자신과 타인을 바라보는 시각이 다르기 때문에 세
상을 바라보는 '자신만의 틀'이 있다. 연애를 할 때에도 이 틀을 가지
고 연애를 한다.

볼비(Edward John Mostyn Bowlby)는 영
국의 심리학자이자 정신과 의사이며 정신
분석학자이기도 하다. 그는 아동 발달에
관심을 가지고 연구를 수행하였으며, 애착
이론을 창시하였다. 그 이후 많은 분야에
서 애착 이론에 관해 실제 중요함을 깨닫게
되는 실험과 결과들이 발표되었다.

존 볼비

그는 이 애착 이론을 통해서 다음과 같은

세 가지를 강조하였다.

첫째, 보호해 주는 애착 대상을 찾고 살피며 '근접성'을 유지하려고 애쓴다는 점이다. 둘째, 낯선 상황과 경험에 대한 탐험을 가능하게 하는 '안전기지'로 애착 대상을 활용하는 것이다. 셋째, 위험과 상황에 놀란 순간에 '안전한 피난처'로서의 애착 대상에게 달려 가는 것이다.

이 애착 이론은 다양한 심리학 이론에서도 연애와 가장 연관성이 깊고, 연인의 태도를 이해하는 데 가장 쉽게 접근할 수 있는 이론이라 할 수 있다.

애착에 대한 오해와 진실

애착이 왜 중요할까?

애착이란 주 양육자와의 강한 정신적 유대감을 일컫는다. 애착 형성의 결정적 시기는 생후 36개월까지이며, 18~24개월의 아이는 눈에 보이지 않으면 대상이 없어졌다고 생각하기 때문에 주 양육자인 부모가 자신의 눈에 안 보이면 버려졌다고 생각할 수 있다. 이 시기에 정서적으로 보살핌을 받지 못하여 결핍이 생긴 사람은 향후 인간관계에서 어려움을 겪을 뿐만 아니라 자신의 자녀에게도 정서적 학대나 결핍을 대물림하게 될 가능성이 있다.

첫째, 아이가 자신을 대하는 양육자의 태도를 따라 타인과 세상을 대하는 방법을 배운다. 따라서 애착이 어떻게 형성되었느냐에 따라서 훗날 인간관계와 사회생활을 결정지을 수 있는 매우 중요한 요소로 작용한다.

둘째, 애착은 성장하면서 아이의 자아존중감과 밀접한 관련이 있다. 아이에게 부모가 자신의 즉각적으로 반응해 주는 것을 통해 심리적 안정감과 자신에 대한 개념을 형성하게 한다.

셋째, 애착은 되물림된다. 부모의 어린 시절 애착 유형이 어떻게 형성되느냐에 따라 아이에게 되물림되는 경우가 많다. 따라서 애착 형성에 대한 부모의 노력이 필요하다.

물론 이런 부정적인 모습들을 이겨 내기 위해 의식적으로 극복하는 경우도 많으며, 나 자신이 부모와 안정 애착을 형성하지 못했다면 이를 극복하기 위해 노력할 필요가 있다.

자신에 대한 생각

	긍정적	부정적
긍정적	안정형 (안정 애착)	의존형 (불안정 애착)
부정적	거부형 (불안정 애착)	회피형 (불안정 애착)

(타인에 대한 생각)

〈애착의 유형〉

이 외에도 심리학자 메리 에인스워스는 '낯선 상황 실험'을 통해 생후 12~18개월 된 아이들의 애착 유형에 대한 실험을 진행하였다. 실험을 통해 같은 상황에서도 애착 유형별로 안정형, 의존형, 거부형, 회피형으로 구분하였으며, 아이들의 반응이 다르다는 사실을 알 수 있었다.

안정형 애착

안정형 애착이 형성된 아이들은 부모가 자신의 욕구를 이해하고 늘 해결해 준다는 믿음을 가진다. 이들은 부모를 안전기지 삼아 낯선 상황에서도 환경을 적극 탐색하고 수용하고 부모가 잠시 자리를 비우면 처음에는 울거나 찾는다. 그러나 곧 부모가 다시 돌아온다는 신뢰를 가지고 불안해하지 않고, 자신이 하던 놀이와 탐색 활동을 지속하는 모습을 보인다. 독특한 특징으로는 밀당 같은 것에 전혀 관심이 없다. 좋아하면 좋아하는 마음을 숨기지 않고, 상대방이 자신에게 잘못하면 자신이 싫어하는 행동을 하지 말아 달라고 솔직하게 표현한다. 타인과 건강하게 사랑을 주고받는 유형이다.

회피형 애착

회피형 애착은 자기 자신을 너무 믿는 나머지 타인에 대한 불신에 사로잡히기 쉽다. 그리고 혼자 있는 것을 좋아하고 자신의 속마음을 주변 사람들에게 잘 터놓지 않는다.

회피형 애착의 특징은 친밀한 신뢰관계와 그에 따른 책임을 회피하는 것이다. 특히 의심이 많고 타인이 자신을 이용할까 봐 두려워하며 의존을 경멸하고 타인이 자신에게 의존하면 밀어낸다. 이 유형은 연애 초반에 사랑을 확인받기 직전까지는 불안형과 동일하게 행동하기 때문에 처음엔 불안형으로 인식하는 경향이 있지만 이상화 단계가 끝나면 회피형으로 바뀐다.

회피형은 타인에게 의존하는 연습이 필요한데, 자신의 생각과 감정, 상처를 조금씩 꺼내 보는 연습을 해야 한다. 타인에게 의존하는 것은 미숙한 것이 아니라 인간이 기본적으로 필요로 하는 욕구이며, 내가 필요한지 몰랐던 부분을 충족시켜 주는 것이다. 익숙하지 않기 때문에 불편하고 부담스러울 수 있지만 사랑하는 사람들과의 관계에서 온전히 행복해지기 위해 필요한 연습이다.

원인

부모의 양육 과정에서 평소에는 방임하거나 부모가 원하는 부분에 대해 엄격하게 통제한다.

회피형 애착을 가진 사람의 연애

회피형은 신체접촉을 좋아하지 않는다. 구속받는 것을 싫어하고 자신의 감정을 잘 숨긴다. 연인과의 관계에서 구속받는 것을 싫어하다 보니 관계가 가까워질수록 도망치고 싶어한다.

자신의 감정을 바라보고 타인들과 인간관계를 폭넓게 하기 위해 내 생각이나 신념이 옳지 않을 수 있다는 생각을 해 보도록 노력해야 한다.

불안형 애착

불안형 애착 유형의 사람들은 자신을 과소평가하는 경향이 있으며, 힘든 상황이 닥치면 타인에게 과하게 의존하는 특징을 보인다. 때로는 주변 사람들의 관심을 얻기 위해서 자해를 하거나 충동적인 행동을 서슴지 않고 한다. 남성의 경우 상대방을 통제하며 사랑을 느끼고, 여성의 경우에는 피통제자가 되어 상대방이 자신을 구속해주길 바라는 형태로 사랑과 관심을 표현하기도 한다. 또한 여성은 연인에게 사랑을 받고자 하는 행동을 자주 하고 사랑을 확인받지 못할 때 과하게 실망하기도 한다.

불안형은 회피형에 비해서 안정적인 사랑과 연애가 꾸준하게 지속될 경우 안정형으로 변화될 수 있지만 불안한 상황에서 다시 퇴행하는 모습을 나타낼 수 있다. 불안형에게 가장 중요한 것은 불안은 나 스스로가 만들어 내는 것이지 현재 관계에서 실존하는 것이 아니

학자들마다 다양하게 성인 애착 유형을 분류하나, 대표적인 것은 안정, 회피, 불안이다.

믿음, 신뢰, 안정

날 내버려 둬!

날 버리면 어쩌지…

안정형　　　회피형　　　불안형

라는 것을 인지하는 것이다. 그리고 타인보다 자신을 사랑해 주고 혼자 있는 시간을 즐기고 사랑하는 연습을 하고 사랑하는 사람으로부터 스스로를 분리시켜 자신을 1순위로 생각하고 자기 계발에 몰두하도록 노력해야 한다.

5. 사랑의 표현 '키스'는 언제부터였을까

플라톤은 '키스는 영혼이 육체를 떠나가는 순간의 경험'이라고 하였다. 키스는 아주 오래전부터 생겨난, 인간에게 있어 하나의 의사교환 수단이며 또한 표현 방식이다. 사랑하는 연인과의 달콤한 키스는 사랑하는 사이라면 누구나 꿈꾸는 장면이기도 하고, 서로의 사랑을 확인하는 행위이기도 하다. 그렇다면 사랑의 표현인 '키스'가 가장 처음 행해진 때는 언제부터였을까?

덴마크 코펜하겐 대학의 연구진은 『사이언스』에 "키스는 다양한 지역과 문화에 걸쳐 보편적으로 행해졌다."라며 인류가 적어도 4,500년 전(메소포타미아 문명)부터 사랑하는 사람과 서로 친밀함과 성적인 애정 표현을 위해 키스를 했다는 연구 결과를 발표하였다.

이 연구 결과가 의미 있는 이유는 성적인 의미의 '키스'에 대한 최초의 기록이 지금까지는 청동기 시대인 기원전 1,500년경 인도의 문헌이라는 기존 학계의 기록보다 1,000년 이상 앞선 것이기 때문이다. 또한 이 연구진은 고대 메소포타미아 문명이 남긴 점토판을 근거로 키스에 대한 기록을 찾았으며, 그 기록을 살펴보면 메소포타미아 사람들은 수메르어와 아카드어로 기록을 남겼는데, 수메르어로 된 초기 문헌에서는 키스는 성적인 행위와 관련 있었고 아카드어로 남겨진

기원전 1800년 무렵 고대 바빌로니아의 점토판.
남녀가 벌거벗은 상태로 키스와 성행위를 나누는 모습을 묘사했다.

출처: 영국 대영박물관.

문헌에서는 키스에 대해 언급된 내용은 가족적인 애정이나 연인 간 사랑의 행위로 묘사되어 있다.

이 외에도 키스의 역사는 대부분의 각 나라 문화에서 독립적인 기원이 있으며, 2017년에는 선사시대 네안데르탈인의 치석 분석을 통해 고대인들이 서로 타액 교환을 통해 미생물을 공유한 흔적이 있다는 연구 결과가 나오기도 하였다. 이는 인간이 서로 감정을 교류하는 키스라고 보기는 어렵지만 키스가 의도치 않게 여러 문화권에서 오래도록 질병의 전염을 가속화했을 가능성이 있다고 밝히고 있다.

한편, 영국방송 BBC는 미국 네바다 대학 윌리엄 존 코웍 교수의 연구보고서 자료를 살펴보면 인간은 다른 동물보다 페로몬 인식이 낮아 서로 밀착해서 냄새를 맡는 과정에서 입술 접촉으로 서로의 친밀감을 형성한다고 되어 있다. 또한 전 세계 168개 문화권 중 77곳만 사랑하는 남녀가 키스를 하는 것으로 나타났으며, 이 보고서에서 코윅 교수는 "로맨틱 키스는 서구 사회를 중심으로 진행되는 특정한 행동 양식일 뿐"이라고 설명하였다. 결론적으로, 사랑하는 사람과 서로 입술을 맞댄 키스는 '키스를 하는 순간 서로에 대해 가깝고 친밀하고 정보를 나눈다는 것'이다.

또 다른 키스의 역사

키스의 역사에 관한 연구는 여러 가지가 있지만 가장 크게 다음의 세 가지로 나눌 수 있다.

첫째, 태어나 먹이를 섭취하는 과정에서 입과 입을 접촉하는 행위를 반복적으로 하게 된 것이다.

둘째, 육체적 본능, 즉 키스는 성행위의 전희이며, 키스는 인간이 아닌 동물들도 짝짓기 이전에 서로를 물고 핥는 등 입을 사용한 애무가 나타나는데 이러한 행위가 발전해서 키스가 되었다는 설이다.

셋째, 생물학적으로 인사를 의미했을 것이다(최초의 키스가 입술이 아니라 코를 통해 이루어졌을 것이라 추정).

이 외에도 키스는 오래전부터 생겨난 것으로 인간에게 있어 하나의 의사 교환 수단이며 또한 표현 방식이다. 그 유래를 보면 말레이시아 남해의 어느 민족 사이에서 코를 맞대는 풍습에서 유래된 것과 에스키모인들이 연인에 대한 애정 표현 수단으로 코를 비비며 애무를 했다는 두 가지 유래를 들 수 있다.

또한 세계 여러 나라 중 코를 맞대는 풍습이 가장 오래된 곳은 인도이며 여기서 발전된 것이 오늘날의 키스라는 이야기도 있으며, 키스는 전쟁터나 싸움에서 부상당한 기사들의 상처를 빨아 준 것에서 연유되기도 한다는 유래도 있다.

키스에 대한 유래가 이처럼 세대나 신체 부위, 지역별로 다소 차이가 있지만, 키스가 인간에게 있어 중요한 친밀감의 표현 방식이라는 점을 부정할 수는 없다. 중요한 것은 사랑하는 연인과 서로의 마음을 전달하는 키스는 서로를 연결해 주는 역할에서 빠질 수 없는 행위인 것은 분명하다.

'국제 키스의 날'이라고 들어보았나요?

매년 7월 6일은 국제 키스의 날로서 1980년 영국에서 시작되었으며, 이후 세계적인 행사가 되었다.

우리나라는 매년 6월 14일(국립국어원 '신어' 자료집에 "키스데이는 '6월 14일'을 이르는 말, 연인이 키스를 하는 날이다."라고 명시되어 있음)이다. 일본은 매년 5월 23일이다. 1946년 5월 23일에 일본에서 최초로 키스신이 등장한 영화 〈20살의 청춘〉이 개봉된 날이기 때문이다.

세계에서 가장 유명한 키스 사진

1945년 8월, 제2차 세계대전이 끝날 무렵인 'V-J Day'에 뉴욕 타임스퀘어에서 찍힌 사진이다. 1945년 8월 15일 일본의 항복 방송 후, 유럽의 전장에서 태평양의 전장으로 향하게 될 병사들이 타임스퀘어에서의 축제 중 키스하는 장면이다.

사진 작가 알프레드 아이젠슈테트(Alfred Eisenstaedt)가 우연히 찍게 된 이 한 장의 사진이 일주일 후 『라이프』의 표지에 실리게 되고 어마어마한 인기를 얻게 된다.

알프레드 아이젠슈테트

그렇다면 인간 이외의 동물들은 키스를 할까? 아주 예외적인 경우가 아닌 이상 키스를 하지 않는 것으로 나타났으며, 서로의 입술을 누르며 나누는 키스는 인간에게서만 존재하는 독특한 행위다. 사랑

하는 사람과 서로 친밀감을 쌓고 서로의 향기를 공유하면서 사랑을
키워 간다는 것은 매우 아름다운 행위임에는 틀림없다.

여기서 잠깐!

각 나라별 사랑 고백 멘트는 무엇일까요?

사랑하는 사람에게 자신의 마음을 담아 고백한다는 것은 생각만 해도 심쿵하고
짜릿하다. 물론 나라마다 언어는 다르나 사랑하는 마음만은 같은 세계 각국의 닭살
돋는 사랑 표현법을 알아보자!
각 나라별 사랑 고백 멘트는 무엇일까?

• 한국어 – 사랑해(사랑합니다)
• 영어 – I love you(아이 러브 유)
• 일본어 – あいしてる(아이시테루)
• 독일어 – ich iebe dich(이히 리베 디히)
• 불어 – je t' aime(쥬뗌므)
• 러시아어 – Я вас люблю(야 바스 류블류)

- 이태리어 – ti amo(티 아모)

- 아랍어 – wuhibbuka(우히부카)

- 루마니아어 – te iubesc(테 이유베스크)

- 포르투갈어 – gosto muito de te(고스뜨 무이뜨 드뜨)

- 헝가리어 – szeretlek(쩨레뜰렉)

- 필리핀어 – mahal kita(마할 키타)

- 네덜란드어 – ik hou van vin(미 아마스 빈)

- 프랑스 – 당신은 작은 나의 양배추, 나는 매일 밤 당신 꿈만 꿉니다.

- 카메룬 – 당신의 침은 나만의 버터(카메룬의 음식은 매우 자극적인 맛이 특징
  이다. 그렇다 보니 버터 같이 부드러운 음식은 아주 이색적이라고 한다. 그만큼
  연인과의 입맞춤이 특별하단 뜻이다.)

- 독일 – 오! 나의 공주님. 나는 평생 당신의 발자국 위에 키스하며 다닐래요.

- 일본 – 매일 아침 나를 위해 된장국을 끓여 주지 않을래요?(미소된장국은 일본
  을 대표하는 아침 메뉴다. 아침에 된장국을 끓여 달라는 건 '나와 결혼해줘!'란
  의미다.)

- 우즈베키스탄 – 난 하늘의 별만큼, 당신의 머리카락만큼 당신을 사랑합니다.

- 호주 – 당신 도둑이지? 내 마음을 훔쳐 갔어!

- 리투아니아 – 당신은 나만의 장미예요. 그 가시에 콕! 찔리고 싶어요.

- 중국 – 나는 당신의 노비가 되어 살고 싶어요!(중국은 여성들의 사회적 지위가
  높은 나라다. 가정에서 남성들이 집안일을 도맡아 하는 경우가 많다. 중국 남성
  들의 마음이 진솔하게 느껴지는 말이다.)

- 미국 – 당신은 내 마음에 터치다운 해 버렸어!(미식축구의 나라다운 표현이다.
  게임에서 터치다운은 상대편의 골라인을 넘는 일을 말하는 것이다.)

- 스페인 – 내가 가진 모든 것은 이제 그대의 것입니다.

그렇다면 한국은? 우리나라의 사랑 고백 멘트는 무엇일까?

"당신 곁에서 아침을 맞고 싶어."

"당신의 눈 속으로 퐁당 빠지고 싶어."

"나의 아이의 엄마가 돼 줬으면 해."

"내 아를 낳아도오~"(경상도 사나이의 사랑 고백법으로 〈개그콘서트〉의 코너 속 멘트)

출처: 스펀지 연애 연구소. 세계 각국의 사랑 고백법(http://www.indoweb.org/love/bbs/board.php?bo_table=health_info&wr_id=549).

PART
3

둘이서 만들어 가는,
아름답지만 힘들게 진행 중인 사랑

02
사랑이
내 곁에 머물다

1. 사랑 감정 진단법

사람이라면 누구나 타인으로부터 사랑을 받고 싶어 한다. 특히 자신이 사랑하는 사람으로부터 사랑을 받는다는 것은 이 세상 그 무엇보다도 행복한 일이다. 그러나 항상 인간관계는 우리가 생각하는 대로 흘러가지 않고, 살아가다 보면 내가 원하는 대로 사랑을 받기보다는 미움을 받을 때도 있고, 시기와 질투를 받을 때도 있다. 때로는 어쩔 수 없이 미움을 받아야 할 상황이라면 받아들여야 하겠지만, 사랑받지 못할 것이라는 불안과 두려움을 안고 살아가는 상황이 오지 않도록 현명하게 해결하도록 노력하는 것이 필요하다.

그리고 누군가를 사랑하고 결혼을 하기까지 여러 문제들이 발생하겠지만, 상대방을 만나고 연인으로 발전하기 전에 항상 유심히 관찰해야 할 상황이 있다. 이것은 바로 그 상대방이 발달 과정에서 부모나 주변 사람으로부터 얼마만큼의 사랑을 받고 자랐느냐 하는 것이다.

여기서 핵심적인 부분은 바로 '애정 결핍'에 관한 것이다. 애정 결핍이란 발달 과정 중 어린 시기에 충분한 애정과 관심 또는 사랑을 받지 못하거나 부족하게 받은 결과로 나타나는 심리적인 상태를 말한다. 이는 일반적으로 어린 시기에 가정환경이 불안정하거나 부모의 애정과 관심이 부족한 경우 발생할 수 있다. 이 애정 결핍은 아동기에 주로 나타나지만, 아동기를 거쳐도 성장과 발달 과정에서 충분한 애정과 관심 또는 사랑을 받지 못한 경우에는 성인기로 이어질 수도 있다. 이로 인해 자아존중감, 자아 성찰, 인간관계 형성 등 여러 영역에서 각종 어려움을 겪을 수 있다.

또한 애정 결핍은 다양한 형태로 나타나는데, 예를 들어 사랑과 관심의 부재로 인해 발생하는 불안감이나 인간관계와 신뢰 형성의 문제뿐만 아니라 사회적인 관계의 어려움과 정서적인 불안감 등이 발생한다. 이러한 애정 결핍은 심리적 불안감과 자존감 하락 등으로 인해 성인기가 되면 사회적으로 관계를 맺기 어렵고 적응을 하지 못해 정서적인 문제와 정신건강 이상을 유발해 더 큰 사회문제로 이어질 수도 있다. 사랑하는 사람과의 사랑이 시작되고 나면 되돌릴 수 없는 사이로 진행되어 더욱 갈등이 심화되고 그 이후 더 큰 정서적 피해나 힘든 상황으로 괴로워할 수 있으므로 서로가 깊은 연인관계가 되기 전 서로의 미래를 위해 정확한 판단이 필요하다.

다음은 애정 결핍의 증상이다. 자신에게 몇 개 정도가 해당되는지 체크해 보자.

애정 결핍 자가 테스트

번호	문항	체크
1	평소에 불안할 때 나도 모르게 손톱을 물어뜯는다.	
2	다리를 수시로 떤다. 불안할 땐 더 심해진다.	
3	스킨십을 좋아하는 경향이 있다.	
4	자기가 좋아하는 상대에게 집착이 강하고, 소유하고 싶은 욕망이 강하다.	
5	바람둥이 기질이 있다.	
6	손을 잡거나 팔짱 끼는 것을 좋아한다.	
7	부드럽고 푹신한 것을 좋아하는 경향이 있다.	
8	사람들과 잘 어울리다가 혼자 있으면 우울해지는 경향이 있다.	
9	장난을 많이 치는 경향이 있다.	
10	스스로 자책을 많이 하는 편이다.	

결과 확인

10개 문항 중 체크한 항목이 8개 이상이면 애정 결핍일 가능성이 있다. 단, 8개 이상이더라도 스스로가 느끼기에 자신이 심각하다고 느껴지는 정도가 아니면 치료보다는 개선점을 찾아서 노력하는 것이 필요하다.

-1~2개

외향적이며 사교성이 좋은 사람이며, 애정 결핍이 아닌 그저 사람을 좋아하는 타입이므로 걱정할 필요가 없다.

-3~5개

조금의 애정 결핍이 있지만, 크게 우려할 정도는 아니다. 또한 오랫동안 연애를 못했거나, 연인과 헤어진 지 얼마 되지 않았을 때에 자주 나타나는 증상이기 때문에 시간이 지나면 금방 회복될 것이다.

−6~8개

주위 사람들을 피곤하게 하는 애정 결핍 타입이다. 이런 사람은 자꾸만 관심을 요구하고, 눈에 띄려고 해서 주변 사람들을 피곤하게 한다. 당신이 이런 상황이라면 지금은 이해하는 사람이 몇 명 있지만 더 심해진다면 정말 혼자가 될 수도 있으니 주의하는 것이 좋다.

−9~10개

받아주기 힘든 애정 결핍 말기 상태다. 잠시도 혼자 있기 싫어하며, 주목받으려는 당신이기에 사람들이 이미 질려 떠나가고 있다. 혼자 있는 시간을 즐겨 보도록 하는 것이 애정 결핍 치료에 좋다. 애정 결핍은 사람 때문에 생기고 사람으로 인해 치유되는 것이므로 이유 모를 외로움과 우울함을 이겨 낼 수 있는 진정한 나의 사람을 찾아보는 것이 필요하다.

사람은 외로운 존재이므로 누구나 사랑받기를 원한지만 너무 정도를 넘어서면 주변 사람들뿐만 아니라 자신을 괴롭게 만든다. 이것을 흔히 애정 결핍 증후군이라고 한다. 애정 결핍이 심해지면 집착과 의심을 하게 되고, 불행을 자초하게 된다.

애정 결핍 치료 방법

애정 결핍인 사람들에게 가장 필요한 것은 사랑을 받고 있으며 사랑을 받을 가치가 있다는 것을 알게 해 주는 것이다. 치료 방법으로 인지행동치료, 대인관계치료, 심리치료, 가족치료 등 다양한 방법이 있다.

인지행동치료

부정적인 사고 패턴을 인식하고 변화시키는 데 도움을 주는 효과적인 치료법이다. 애정 결핍으로 인해 자아에 대한 부정적인 사고와 신념을 확인하게 하고, 행동치료를 통해 적절한 사회적인 상호작용 및 대인관계 기술을 개발하도록 도와준다.

대인관계치료

대인관계의 문제를 중심으로 한 치료법으로서 아동기에 부모로부터의 애정 결핍으로 인한 대인관계 문제를 해결하고 개선하기 위해 사용될 수 있다. 대인관계 기술의 향상, 갈등 해결, 대인관계에서의 자아존중감 증진 등을 목표로 치료를 진행한다.

심리치료

인간의 감정과 관련된 문제에 중점을 둔 치료법으로서 애정 결핍으로 인해 발생하는 감정적인 어려움을 탐구하고 이를 표현하고 이해하는 데 도움을 준다. 부모로부터 받은 애정 결핍과 관련된 감정적인 상처를 다루고 해결하기 위해 안전한 환경을 제공하여 진행한다.

가족치료

애정 결핍은 특히 가족치료가 중요한데, 애정 결핍의 원인이 가족체계의 문제에 기인하는 경우에 효과적이기 때문이다. 무엇보다 가족 구성원들과 함께 대화하고, 서로 상호작용을 통해 문제를 개선하며, 애정과 관심을 증진시키는 데 목표를 둔다. 가족 구성원들 사이의 관계를 개선하고 강화하여 애정 결핍으로 인한 상처를 치유하는데 도움을 줄 수 있다.

2. 썸과 사랑 사이

썸은 '정확하지 않은 것'이라는 뜻을 가진 영어 단어 'something'에서 파생된 신조어로, 관심 혹은 호감 가는 이성과 잘되어 가는 과정, 혹은 사귀기 전에 남녀 사이에서 느끼는 불확실한 감정을 뜻한다. 이 썸과 '타다'가 합쳐져 '썸을 타다'라고 표현하기도 한다.

'썸(some)'은 친구보다는 가깝지만 연인은 아닌 모호한 관계를 가리키는 신조어다. 물론 썸이 등장하기 이전에도 썸씽은 연애 초기의 미묘한 감정적 반응 단계를 지칭하는 용어로 사용되었다. 그러나 썸과 썸씽에 내포된 사회적 코드는 현격하게 다르다.

썸과 연애의 분절화 현상은 세계적인 추세다. 서구에서도 연애(courtship)를 dating과 serious relationship의 단계로 나누고 있다. dating이 케미에서 출발하여 대략 10번 정도의 성관계에 이르는 단계라면, serious relationship은 본격적인 연인 사이로 발전하는 단계다.

문제는 썸이란 뜻이 모호한 만큼 썸의 단계에 무수한 유형의 관계가 수렴된다는 점에 있다. 따라서 '썸 탄다'는 새로운(신) 연애 시스템을 명료하게 규정짓기란 쉽지 않다. dating으로 대치해도 모호하기는 마찬가지다. 썸과 dating은 모두 무겁고 버거운 과거의(구) 연애 시스템에서 벗어나기 위한 대안이기 때문이다.

이런 점에서 연애의 분절화와 썸의 발명은 두 사람이 서로에게 매혹되고 투사적 동일시를 통해 연인관계로 발전하는 연애 과정을 매우 특별한 운명적 사랑과의 결혼 과정에 통합시키는 과거의(구) 연애 시스템에서 벗어나려는 실험적인 대응전략이다. 또한 신자유주의 체제의 불안정한 경제적 조건과 개인화된 사회적 조건에 맞지 않는 성과 사랑, 결혼 등에 관련된 전통적인 규범에서 벗어나 새로운 연애 관습을 만들어 가는 실리적인 대책인 것이다.

우정과 사랑 구별법

1970년 하버드 대학의 직 루빈 교수가 '사랑'에 빠진 사람만 할 수 있는 5가지 행동에 관한 연구를 통해 그 결과를 밝혀냈다.

1. 상대방에게 성적 매력을 느낀다.

사랑(romantic love)과 좋아함(like)라는 감정을 구분 짓는 가장 큰 특징이다.

2. 상대방을 행복하게 만들려고 노력한다.

사소한 일에도 상대방의 기뻐하는 모습이 곧 자신의 행복이 되는 게 사랑이다.

3. 강한 소유욕을 느낀다.

사랑에 빠진 사람은 상대방을 독점하고 싶어 하는 소유욕이 발동한다.

4. 상대방의 단점을 찾지 못한다.

사랑에 빠지면 눈에 콩깍지가 씌므로 상대방의 그 어떤 단점도 찾지 못한다.

5. 상대방을 필요로 한다.

사랑에 빠진 사람은 상대방과 함께 있을 때 가장 큰 행복을 느끼므로 항상 곁에 있기를 바란다.

썸 VS 어장
구별법 딱 정해 줌

썸일까?

낚일까?

썸과 연애의 차이

내 것인 듯 내 것 아닌 내 것 같은 너~

본격적으로 연인관계를 시작하기 직전이라 더욱 애타고 짜릿한 썸.

만약 당신이 지금 썸인지 아닌지 헷갈린다면,

두 사람의 관계를 잘 생각하는 편이 좋다.

헷갈릴 정도로 자신이 없다면,

그건 어장관리일 수도?

사랑은 그 누구도 호감 있는 상대를 헷갈리게 하지는 않을 테니까⋯⋯.

썸인지 어장관리인지 짝사랑인지 헷갈릴 때 구분하는 방법

앞에서도 언급하였듯이, 썸은 '썸씽을 타다(There is something between us.)'에서 유래된 이 말은, 단순한 유행어를 넘어 관용어로 굳어질 만큼 현대 연애사의 '대세'로 자리 잡고 있다. 왜냐하면 전체적인 우리 사회의 경기 침체와 저성장 시대 속 불확실한 삶을 살아가고 있는 수많은 현대인에게 사랑에 빠지는 행위는 현실과 동떨어진 '낭만'으로 여겨질 수도 있기 때문이다.

그러나 혹여 오랜 시간 동안 사랑에 목이 마르더라도 서로를 구속하지 않는 '썸' 단계를 조금은 유지하는 시간도 의미가 없진 않다. 요즘 연인들은 공식 커플이 되기 전 대부분 이 썸이라는 단계를 거친다. 그런데 종종 썸인지 어장관리인지 헷갈리게 하는 사람들이 많기에 지혜롭고 현명한 연애를 위해 '썸과 어장관리를 구별하는 팁'을 정리하자면 다음과 같다.

1. 연락할 때

썸은 연락이 지속적으로 오거나 상대방에 대한 관심을 보이며 대화를 이어 나가지만, 어장관리는 자기가 필요할 때만 연락을 하거나 중간중간 잠수를 탄다.

2. 데이트 신청할 때

썸은 상대방의 상황을 먼저 생각하고 배려하며 물어본다. 그러나 어장관리는 갑자기 상대방에 대한 상황은 물어보지도 않고 밀어붙인다.

3. 만났을 때

썸은 만나는 시간 동안 상대방에게 최대한 집중한다. 그러나 어장관리는 상대방과 함께 있는 동안에도 쉴 새 없이 그 누군가와 연락을 주고받는다.

4. 특별한 날 잠수를 타기

썸은 특별한 날일 때 상대와 함께 시간을 보내고 싶어 한다. 그러나 어장관리일 경우에는 그런 날 잠수를 타는 경우가 많다.

5. 주변 이성에 대한 태도

썸은 주변 사람들을 그냥 친구로 대하거나 동료로 대한다. 그러나 어장관리일 경우에는 누가 봐도 오해할 만큼 잘해 준다.

이 외에도 썸을 타는 상대방과 어장관리를 하는 사람은 그 사람을 대하는 행동이나 관심 그리고 배려하는 태도가 확실히 다르다. 그러므로 상대방과 썸을 타는지 어장관리를 하는 것인지 잘 분석하는 것이 필요하다.

> "썸은 꼭 내가 먼저 노력하지 않더라도
> 관계가 이어지는 사이고,
> 어장관리는 내가 먼저 연락하지 않으면
> 관계가 이어지지 않는 사이야."

짝사랑 진단 테스트

번호	문항	체크
1	요즘 따라 계속 생각나는 여자/남자가 있다.	
2	그/그녀의 이름을 여러 번 되뇌어 보며 생각하게 된다.	
3	그 상대방을 생각하면 설레거나, 심장이 뛰는 것만 같다.	
4	다른 이성을 대할 때와 그/그녀를 대할 때 내 태도가 너무 다르다. 괜히 이상한 말을 하게 된다.	
5	그/그녀와 함께했던 기억을 계속해서 곱씹어 본다. 그리고 너무 행복해한다.	
6	그/그녀와 좀 더 함께하고 싶다.	

결과 확인

여기서 4개 이상 해당된다면 당신은 이미 짝사랑 중!

3. 밀당의 심리

밀당은 '밀고 당기기의 준말'로서 남자와 여자가 연애를 시작하기 전에 이루어지는 미묘한 감정 또는 심리적 싸움을 의미한다.

누군가를 만나서 '심쿵'하는 순간이 지나고 나면 '썸'을 타다가 자연스럽게 '밀당의 기술'이 들어간다. 사실 밀당, 즉 상대방을 나에게로 당기려는 이유는 상대방이 나에게 다가와 주었으면 하는 마음도 있겠지만, 상대방이 나에게 좀 더 의지하게 만들어 주기 위함이기도 하다. 하지만 진정한 밀당의 고수가 되기 위해서는 '진심'을 담아서 밀고 당기는 것이다. 그러나 결코 쉽지 않은 밀고 당기기, 결코 쉽지 않은 밀당 스킬, 이 밀당은 연애의 균형을 유지시켜 주는 역할을 한다.

밀당에 관한 실험 중 하버드 대학의 대니얼 길버트 교수는 47명의 여대생들에게 남자 3명의 페이스북 프로필을 보여 준 후 밀당이 호감도에 어떤 영향을 미치는지 실험을 하였다.

1번 남자에 대해서는 "이 남자는 당신의 프로필을 본 후 당신이 마음에 든다고 했어요."라고 말하고, 2번 남자에 대해서는 "이 남자는 당신의 프로필을 보고 별로 관심이 없다고 했어요."라고 말하고, 3번 남자에 대해서는 "이 남자는 당신의 프로필을 봤는데 관심이 있는지 없는지 모르겠네요."라고 말했다.

그리고 이 3명 중 누구에게 가장 큰 호감을 느꼈는지 조사해 보았다. 결과는 어땠을까? 1위는 3번 남자로 나타났으며, 2위는 1번 남자로, 3위는 2번 남자로 나타났다.

결과적으로 길버트 교수에 따르면, 여성들은 관심을 애매하게 표현한 사람에 대해 더 많은 고민과 생각을 하게 된다.

누구나 연인이 되기까지는 여러 과정을 경험한다. 물론 무엇보다 남녀 사이에 벌어지는 미묘한 심리 싸움인 이 밀당에 관한 실험들을 보면 과연 밀당이 필요한지, 아니면 필요 없는지에 관해 의문점도 생긴다. 미혼남녀를 대상으로 '밀당이 필요할까?'라는 질문에 '필요하다'는 응답이 57.8%, '필요 없다'는 42.2%로 나타났다.

밀당이 필요한 이유로는 첫 번째는 '연애 주도권을 잡기 위해서'(41.1%), 두 번째는 '적당한 긴장감을 통한 관계유지를 위해서'(33.3%), 세 번째는 '필요하다는 주위의 말들 때문에'(10.8%)였다.

미혼남녀가 가장 많이 해 본 연애 밀당 1위는 '먼저 연락하지 않기'(33.3%)가 차지했다. 남성은 '헌팅이나 주변의 대시 자랑하기'(35.1%), 여성은 '카톡 늦게 확인하기'(35.1%)를 밀당으로 사용하였다.

흔히 어느 정도의 '밀당'은 꼭 필요하다고들 한다. 어느 때에는 상대가 없으면 안 될 것처럼 매달리다가도 어느 때에는 아무것도 필요 없는 듯 굳건하기도 해야 한다. 언제나 매달리다가는 상대가 방심하고 나를 업신여길 수 있다. 그렇다고 너무 거리를 두다가는 상대방으로 하여금 상대에 대한 나의 마음을 심각하게 의심하게 만들기 일쑤다. 이는 연애관계의 패착으로 이어질 수 있다.

밀당 연애 테크닉

"교수님! 저 너무 짜증나는 일이 생겼는데 혹시 찾아뵈어도 될까요?"

이제 사귄 지 100일쯤 되는 ○○가 불쑥 전화로 이야기를 한다.

"응, 지금 와도 좋아."

커피를 내리며 이런저런 생각이 들었다.

커피 향기가 코끝을 찌르고 잔잔한 음악이 귓전에 울리고 생각에 잠
길 때쯤,

"교수님!"

"어, 빨리 왔네. 여기 앉아. 커피 한 잔 줄까?"

"네."

둘이 커피잔을 마주하고 앉았다.

"교수님! ○○ 때문에 상담을 받고 싶어서요."

"둘이 100일쯤 되지 않았나?"

"사실 지난주부터 남친의 연락이 약간 뜸하더라고요. 제가 문자를 보
내도 한참 있다 오고, 뭔가 예감이 그런 거 있잖아요. 얼마 전에 제가
좀 쌀쌀맞게 굴어서 그러는 건지…… 통 모르겠어요."

"딱 이상했던 일이 뭐가 있었는지 이야기해 줄래?"

"그냥 데이트하면 늘상 코스가 똑같아요. 패턴이 같으니까 좀 지루하
기도 하고요. 그래서 좀 냉정하게 굴었더니, 좀 신경을 쓰더라고요.
근데 며칠 지나니 똑같잖아요. 그래서 전화를 퉁명하게 받고 만나도
말하기가 좀 그래서 쌀쌀맞게 했더니……."

"그랬구나. 지금 너의 기분이나 감정은 어때?"

"사실 좀 바뀌었으면 하는 마음이 커서 그랬는데, 지금 이러니까 불
안하고 이거 나에게 '밀당'하는 건가 싶기도 하고…… 뭔지를 모르니

까 복잡해요."

"헤어지고 싶은 마음은 없고?"

"네. 그래도 그동안 사귄 사람들 중에는 좀 저랑 잘 맞는 것 같아서. 근데 밀당이라면 기분이 좋진 않아요."

"그렇구나. 그러면 만약 이게 밀당이라면 어떻게 하고 싶어?"

"그냥 어느 정도의 밀당이 필요없는 건 아니지만 에너지 소모하는 것 같아서 좀 그래요. 그래서 잘 맞춰서 지내고 다른 연인들처럼 우리만의 연애 스타일로 갔음 싶어요. 근데 계속 속상한 마음이 커지니까 짜증도 나고요."

○○의 얼굴을 보면서 서로의 마음을 알아보려는, 자기 쪽으로 끌어 보려는 그 마음이 보여서 괜스레 미소가 지어졌다. 20대에 느낄 수 있는 이런 감정, 마치 어린아이와도 같은 행동과 말투를 서로 주고받는 이 모습들이 왠지 더 귀엽게 느껴졌다.

밀당은 일부러 만드는 감정이라기보다 인간의 본능과도 같기 때문에 서로를 이해해 나가는 과정이 필요하다. 특히 연애 초기에 이러한 '밀당'은 매우 중요한 테크닉이므로 잘 사용하는 것도 필요하다.

"나를 사랑해 줘. 더 많이……."

마치 배고픈 아이가 엄마에게 밥을 달라고 하듯이, 그 마음을 빨리 알아차리고 조금만 더 챙겨 주는 것은 어떨까?

단 그 사람이 내 스타일일 때 말이다.

상대방이 알아차리기 전에 자신의 페이스로 끌어들인다.

더블 바인드를 이용한다. 예를 들면, "같이 식사하실래요?"라고 묻는 것보다 "이번 주 금요일이나 토요일에 식사 안 하실래요?"라는 식이다. 이는 상대방의 선택의 폭을 한정시키는 것이다.

게인-로스 효과를 이용한다.

예를 들면, 평소에는 약간 무뚝뚝한 면을 보이다가 섬세하게 배려하는 모습을 보이는 것으로 얻는 것과 잃는 것의 갭이 클수록 상대방에게 강한 인상을 주는 것이다.

기브앤테이크 법칙을 사용한다.

예를 들면, 상대방에게 호의를 베풀면 반드시 보답하고 싶어진다.

4. 혹시 나도 금사빠인가, 아니면 금사식인가

'금사빠'란 일종의 신조어로서 '금방 사랑에 빠지다'라는 뜻으로, 그러한 상태 혹은 그러한 성격의 인물 등을 가리키는 축약어이자 신조어다. 비슷한 표현으로는 '쉽게 사랑에 빠지다'라는 의미로 '쉽사빠'라 부르기도 한다. 이 말은 첫눈에 반한다는 말과 유사한 부분이 있긴 하지만, 금사빠와 첫눈에 반하는 것은 미묘하게 어감이 약간 다르다. 먼저 금사빠는 상대가 누구든 간에 그저 쉽게 사랑에 빠지는 성격을 의미하는 것이고, 첫눈에 반하는 것은 우연한 기회에 이상형을 만났다는 의미에 가까우므로 깊이 있게 분석해 보면 조금은 다르다.

하지만 이들은 자신의 감정을 지나치게 정당화시켜 자주 마음을 소모시키곤 하며, 어쩌면 사랑이라는 감정이 메마르지 않도록 금방 '설렘'을 주입시키는 '금사빠' 유형의 연애가 지나치게 로맨틱해 보일지도 모른다.

자주 사랑을 느끼는 금사빠 유형의 특징은 다음과 같다.

- 단순한 호감과 사랑을 구분하지 못하고 감정을 혼동한다.
- 조금만 호감을 보이면 극도로 호감을 나타낸다.
- 자신의 감정을 조절하기 어려워한다.
- 금방 사랑하고 이별해도 또다시 금방 사랑을 찾을 만큼 외로움을 못 견딘다.

다음은 금사빠 자가 테스트다. 자신의 유형을 판단해 보자.

금사빠 자가 테스트

1. 아르바이트 카페나 가게에서 직원을 좋아한 적 있다. (10)
2. 동시에 두 사람 이상을 좋아해 본 적이 있다. (10)
3. 사소한 계기로 연애 모드가 켜진다. (10)
4. 상대방은 아무 생각이 없는데 혼자 연애 시뮬레이션을 돌린다. (20)
5. 감정의 진행 속도가 빠르다. (10)
6. 자존감이 낮은 편이다. (20)
7. 상대방이 조금만 차갑게 대해도 너무 슬프다. (10)
8. 기본적으로 항상 누군가를 좋아하고 있다. (10)

결과 확인

- 0~20점: 일반인
- 21~40점: 조짐은 있지만 정상입니다.
- 41~60점: 당신은 어엿한 금사빠입니다.

- 61~80점: 유감스럽게 말기입니다.
- 81~100점: 일상생활이 가능한가요?

금사빠 고치는 방법
- 자기만의 고집과 신념을 가지고 이상형을 정하라.
- 내 감정을 타인에게 알리지 말라.
- 마음이 확실해지기 전까지는 당사자에게 절대 알리지 말라.
- 오버해서 생각하지 말고 충동을 억제하라.
- 가장 먼저 연애 경험을 많이 하라.

"교수님! 전 얼굴도 못생겼고 집안도 별로 좋지 않고 공부도 잘 못해요. 그런데 저 같은 사람을 사랑해 주는 지금의 남자친구 같은 사람은 정말 처음인데, 남자친구가 이별을 하자고 했어요. 저는 다시는 지금의 남자친구 같은 사람을 못 만날 거 같아요. 그래서 남자친구랑 헤어지고 싶지 않아요. 어떻게 하면 남자친구를 잡을 수 있나요?"

프로이트는 정신분석이론에서 정서적으로 의존하는 대상이 특별한 능력과 가치를 가지고 있다고 믿는다고 하였다. 그리고 사랑하는 연인들의 경우, '원시적 이상화'가 이어질 때 이별을 하는 순간 자신을 낮추며 그 연인과 같은 사람은 다시는 만날 수 없을 거라는 말을 하며 상대방을 이상화하는 경향성을 보인다. 특히 의존적인 성향을 보이는 사람은 상대방에게 더욱 의존하고 싶어 하며 이상화에 대한 유혹이 커진다.

이처럼 금사빠의 공통적인 특징은 상대방을 이상화하는 것이다. 이상화(idealization)란 '평범하거나 인간적인 것을 완벽함의 경지로 끌어올린다.'라는 의미로서, 쉽게 말해 '콩깍지'가 씐다는 의미다.

사랑의 콩깍지와 원시적 이상화란?

낭만적인 관계에서 꼭 필요한 이 콩깍지. 콩깍지와 더불어 이상화란 말을 들어본 적 있는가? 사랑하는 사람을 자신의 이상형에 가깝다고 지각하는 것을 심리학에서는 이상화라고 말한다. 콩깍지는 처음 사랑에 빠졌던 연인들이 얼마간의 시간이 지나면 눈꺼풀처럼 눈에 씌여 있는 콩깍지가 벗겨지면서 상대방을 향한 마음이 변하는가를 의미한다.

흔히 사랑에 빠지면 눈에 콩깍지가 씐다고 한다. 이는 상대방의 단점은 보이지 않고 오로지 장점만 보이며 사랑스러워 보이는 것이며, 두 사람의 관계 유지를 위해 콩깍지는 꼭 필요하다는 것을 가리키는 말이다. 사랑하고 있는 사람들에게 "그 사람이 왜 좋은데?"라는 질문을 하면 대부분 "그냥, 다 좋아요."라는 대답을 한다. 이것이 바로 콩깍지가 씐 것이다.

왜 콩깍지라고 부를까? 사람의 눈의 모양이 마치 콩이 들어 있는 콩깍지와 흡사하게 닮았다고 하여 이렇게 부른다고 한다. 그렇다면 콩깍지가 벗겨지는 시기는 언제쯤이라고 생각하는가?

많은 연구 결과를 분석해 보면, 사랑의 콩깍지는 약 3년 정도가 지나면 벗겨진다고 한다. 물론 사랑하는 연인 사이에 콩깍지가 생기는 이유는 페닐에틸아민, 엔도르핀, 노르에피네프린 등의 신경전달물질이 뇌에서 작용하기 때문이라고 설명한다. 사회심리학자인 스탠턴 필은 연인 사이에서 생기는 콩깍지를 마약 중독 상태에 비유하기도 했으며, 이러한 '중독' 상태는 자신과 맞는 파트너를 찾고, 두 사람의 관계를 수월하게 시작할 수 있도록 돕는다고 하였다.

물론 이 연구는 모든 연인이 여기에 속한다는 것이 아니라 평균적으로 상대방에게 끌리고 설렘이 사랑으로 이어져 그 매력에 빠져있는 시간을 가리킨다. 이런 평균적인 연구 결과와는 상관없이 콩깍지가 영원히 씌어 있기를 바라겠지만, 만약 그렇게 되기를 바란다면 상대방을 향한 또 다른 감정이나 서로가 서로를 성장 시킬 수 있는 매력들을 상대방과 나눈다면 서로에게 싫증이 나더라도 또 다른 매력을 보면서 서로에게 빠져들 것이다.

그렇다면 원시적 이상화, 즉 우리가 타인이나 객체, 심지어는 상황을 이상적이고 완벽하게 보려는 경향을 의미하는 이 개념은 우리가 대상을 이해하고 그 대상과 관련된 우리의 감정과 생각을 조정하는 방법으로 볼 수 있다.

결과적으로, 금사빠와 금사식의 원인으로 설명할 수 있는 것은 정신분석에서의 일차적 방어기제인 '원시적 이상화'로 설명할 수 있다. 원시적 이상화의 핵심은 자신이 누군가에게 의지하고 싶지만 의지할 수 있는 대상이 없을 때, 그때 자신 앞에 나타난 그 상대방을 자신이 의지할 만한 대단한 사람으로 인식하여 그 대상에게 의지하는 것이다.

금사식이란 '금방 사랑이 식는다.'는 의미로서 상대방을 좋아하는 마음이 금방 식고 또 다른 사람을 만나 사랑을 시작한다 해도 그 사랑 또한 금방 식을 가능성이 크다. 물론 사랑하는 사람과 사랑을 할 수도 있고 이별을 경험할 수도 있다. 하지만 금사빠와 금사식은 대부분은 연애 기간이 비교적 짧다. 물론 이런 경우에 사랑을 시작하고 권태기를 경험하지 않고 끝내는 경우가 대부분이지만, 사랑이나 연애에 대한 긍정적인 개념을 확립하지 못할 경우가 많다.

이러한 사랑을 하는 사람들은 정서적인 불안감을 많이 가지고 성장한 경우가 많고 자존감이 낮은 경우가 많다. 그러므로 정서적인 불안정감이 자신에게 문제가 있다는 점을 명확히 알고 정서적인 안정감을 주는 상대를 만나 안정감을 가질 수 있는 사랑을 하는 것이 필요하다.

이런 경우는…

금사빠와 금사식은 정서적으로 의지하고 싶을 때 사랑하는 사람이 자신에게 아낌없는 사랑과 지지를 줄 것이라는 환상을 갖는다. 그러나 그 상대방 자체를 사랑하는 것이 아니라 자신이 만들어 낸 환상의 인물로 여겨 사랑하는 것이기 때문에 문제가 발생한다. 상대방이 어떤 사람인지, 그 사람의 감정과 환경 등 부수적인 부분에 관해 전혀 모르는 상태에서 그 짧은 순간에 사랑에 빠질 수 있는 이유는 오로지 자신이 만들어 낸 상상으로 상대방을 생각하기 때문이며, 이 사랑의 콩깍지가 벗겨지는 순간이 다가왔을 때 씻지 못할 상처를 받는 경우가 발생하거나, 자신의 기대가 충족되지 않으면 실망, 분노, 스트레스와 같은 부정적인 감정을 유발할 수 있다.

쉽게 타오르고 쉽게 꺼진다.

5. 집착과 사랑 사이 그 이름, 가스라이팅

"교수님! 몸이 멀어지면 마음도 멀어진다고 남친이 군대에 갔을 때도 사실 제가 기다릴 줄 몰랐어요. 그런데 우리가 CC여서 둘이서 붙어 다니다가 남친이 군대를 가고 나서 너무 외로웠어요. 그 친구가 이제 그만 저를 놓아줬으면 해요. 3년 동안 저도 지쳤어요. 처음엔 운명적인 사랑이라 생각했지만 시간이 갈수록 점점 저에 대해 너무 간섭이 심해요."

두 사람은 사귄 지 3년이 조금 넘었다. 물론 곰신에서 꽃신을 신었지만 점점 시간이 흐르고 자기가 남자친구에 대해 너무 신경이 쓰인다는 것이다.

어느 날 늦은 밤 문자가 왔다.

"교수님! 너무 늦은 시간 죄송한데, 사랑과 가스라이팅은 어떻게 구분하나요?"

"무슨 일 있니?"

"오빠는 너무 저의 모든 것을 통제하고 너무 집착이 심하고, 심지어 제가 사랑한다고 말을 해도 시간이 지나면 불안해하니 너무 힘들어요."

가스라이팅의 의미

사실 가스라이팅이라는 단어는 이제 많은 사람에게 다소 익숙한 단어로 자리 잡았다. 가스라이팅의 사전적 의미를 살펴보면, '타인을 나의 이익을 위해 심리적으로 교묘하게 통제하고 조종하는 행위'라고 되어 있다. 또 다른 의미로는 타인의 마음이나 상황을 교묘하게 조작해 그 사람이 현실감과 판단력을 잃게 만들고, 이로써 타인을 마음대로 통제하는 것이다. 단어의 의미를 보면 사랑과 매우 흡사하지만, 사람들은 상대방의 이런 가스라이팅을 사랑이라 착각하고 오랜 시간이 지나서 다르다는 걸 인지하게 된다.

결과적으로, 가스라이팅은 스스로에 대한 의심이 생기게끔 유도하여 그 사람이 현실감이나 판단력을 잃어버리게 만들고 결국 마지막에는 그 사람의 몸과 마음을 황폐화시켜서 지배력을 행사한다는 것을 의미한다.

그러나 더 큰 문제는 피해자가 자신이 가스라이팅을 당하고 있다는 것을 인지하지 못하는 경우가 대부분이다. 이것은 정신적인 학대와도 같은 것이기에 문제가 크다고 볼 수 있다. 가스라이팅의 경우, 대부분의 가해자는 피해자에게 다음과 같은 말을 자주 한다. "네 말이 전부 틀렸어." "네 기억이 완전 잘못된 거야." 이와 같은 말을 상대방에게 반복해서 하게 되면 결국 피해자는 진짜 자신이 잘못하였고 자신의 말이 틀렸다고 생각하게 되고, 결국 자존감을 잃게 만든다. 이후 심리적으로 매우 약해진 피해자는 결국 가해자에게 의존하게 되며, 가해자는 피해자에게 더욱 군림하며 우월감을 느끼게 된다.

가스라이팅의 유래

가스라이팅은 1938년 패트릭 해밀턴 작가가 연출한 스릴러 연극 〈가스라이트(Gaslight)〉에서 유래했으며, 다른 말로 '가스라이트 효과(gaslight effect)'라고도 불린다. 이 작품은 1944년에 영화로 만들어졌으며, 내용은 다음과 같다. 주인공 잭과 벨라 부부 중 남편 잭은 물건을 훔치는 범죄를 저지른 후 집 안의 가스등을 일부러 어둡게 만든다. 이때 아내 벨라가 잭에게 집 안이 어둡다고 말하면 잭은 벨라에게 그렇지 않다고 부인한다. 잭은 훔친 물건을 집 안에 숨기고 오히려 벨라에게 물건을 잘 잃어버린다고 하며 역정을 내고, 이런 일이 반복될수록 벨라는 점점 자신이 잘못된 것이라고 생각하며 판단력이 흐려진다. 시간이 흐르고 결국 벨라는 남편 잭에게 의지하며 살아가게 된다는 내용이다.

가스라이팅의 설정 3단계의 주된 핵심 욕구

• 누군가 좋아하길 바라는 욕구

• 사랑받기를 바라는 우리의 욕구

• 이해받기를 바라는 우리의 욕구

가스라이팅 자가 테스트

번호	문항	체크
1	최근에 "네가 잘못 생각한 거야."라는 말을 자주 듣는다.	
2	내가 한 행동과 말을 계속 되돌아보면서 후회하고 자책한다.	
3	'내가 너무 예민한가?' 하고 자꾸 생각을 한다.	
4	최근에 "너를 사랑해서 하는 말이야."라는 말을 자주 듣는다.	
5	최근에 "너를 생각해서 하는 말이야."라는 말을 자주 듣는다.	
6	상대방에게 '이런 말을 해도 되나?' 하고 자주 고민한다.	
7	간단한 결정도 스스로 하기 힘들고 누군가에게 물어봐야 한다.	
8	내 잘못이 아닌데도 미안하다고 먼저 사과할 때가 있다.	
9	종종 혼란스럽고 내가 미쳐 가고 있는 것 같을 때가 있다.	
10	내 물건을 구입할 때도 상대방의 눈치를 본다.	
11	예전의 나와 지금의 나는 완전히 다른 사람인 것 같다.	
12	나는 자존감과 자신감이 낮은 사람이다.	
13	"사랑한다면서 그 정도도 못해 줘?"라는 말을 자주 듣는다.	
14	특정 사람의 행동에 대해서 나는 자주 변명을 해 주고 있다. (다른 지인들에게)	
15	누군가와 함께 있을 때 특히 눈치를 많이 본다.	
16	생각해 보면 내 인생에는 좋은 일들이 많은데 나는 행복하지 않다.	
17	"다 너의 탓이야."라는 말을 자주 들었다.	

18	주변 사람들에게 변명하기 싫어서 거짓을 말하거나 숨기는 일이 많다.	
19	특정인에게 무시당하기 싫어서 그 사람에게 거짓말을 하기 시작했다.	
20	최근에 "네가 뭘 알아?"라는 말을 누군가에게 자주 듣는다.	
21	내가 무엇을 좋아하고 무엇을 싫어하는지도 잘 모르겠다.	
22	나는 행복하지가 않다.	

출처: 한국 데이트 폭력 연구소.

결과 확인

총 22문항 중에서 15가지 이상이 나에게 해당할 경우 가스라이팅의 피해를 보고 있는 피해자일 가능성이 굉장히 높다.

 - 1~8개: 초기 단계
 - 9~12개: 중간 단계(가스라이팅이 이미 많이 진행된 상태)
 - 15개 이상: 심각 단계(극심한 가스라이팅을 겪고 있는 상태)

이 자가 테스트를 통해 자신이 15개 이상 '그렇다'를 체크했다면 상대방에 대해 생각해 보고 스스로 가스라이팅에서 벗어날 행동을 실천하는 것이 필요하다.

"세상의 네 편은 나쁘이야."

"넌 왜 매번 실수하는 거야?"

"그 옷 입지 말라 그랬지."

"예민하게 굴지 좀 마."

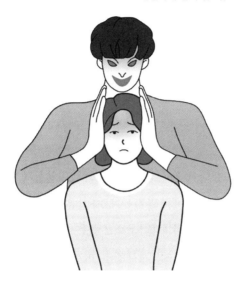

가스라이팅 수법

거짓말을 한다.

가스라이팅 가해자는 자신의 행동에 대한 책임을 피하려고 노골적이거나 교묘한 거짓말을 하기도 한다. 심지어 가해자는 자신의 주장과 상반되는 구체적이고 명백한 사실을 제시했을 때에도 거짓말을 계속 반복할 수 있다. 예를 들어, 자신이 바람을 피우다 걸려도 바람을 피우고 있다는 사실을 계속 부인하고, 배우자가 명백한 증거를 제시해도 거짓말을 하고 부인한다. 또한 직접 목격한 사실도 부정하거나 전혀 기억이 나지 않는다고 주장할 수도 있다.

자신의 잘못을 피해자에게 투영한다.

가스라이팅 가해자가 자주 사용하는 방어기제는 투사다. '투사'란 자기 자신이 가지고 있는 공격성, 불안, 죄책감, 성적 본능 등 자신이 가장 싫어하는 자신의 모습을 다른 사람에게 투영함으로써 현실을 부정하는 것이다. 이때 가해자는 자신이 피해자라고 주장하기도 하고 피해자와의 친밀한 관계를 이용해 피해자를 분노하게 만들고, 피해자가 화를 내면 "우리 관계를 망치는 건 너야."라는 식으로 오히려 적반하장으로 말한다.

피해자에게 미쳤다거나 너무 예민한 것이라고 말한다.

가스라이팅 가해자는 피해자에게 자신은 아무런 문제가 없다고 계속 주장하고 오히려 관계를 망치고 있는 것은 피해자라고 주장한다. 그리고 과민 반응한다고 피해자를 비난함으로써 피해자의 정신 건강을 지배하고 피해자의 가족과 친구들에게도 피해자가 정신적으로 불안하다며 피해자가 외부에서 도움을 받지 못하도록 만든다.

피해자를 사정없이 깎아내린다.

가스라이팅 가해자는 피해자의 약점을 집중적으로 비난함으로써 피해자를 통제하고, 피해자가 자신의 약점을 드러내면 가해자는 그 약점을 무기로 삼는다. 그리고 농담이라며 사람들 앞에서 피해자를 모욕하거나 비꼬아서 피해자를 힘들게 한다. 예를 들어, 피해자에게 명품을 사게 하고 지인들 앞에서 피해자가 사치스럽다고 비난하거나 재정 관리를 잘 못한다고 몰아세워서 결국 피해자의 재정 관리를 통제한다.

피해자의 주의를 분산시킨다.

가스라이팅 가해자는 피해자가 가해자의 행동을 정확하게 인지하고 판단하지 못하도록 하거나 모든 일이 피해자의 잘못이며 피해자의 문제라고 말한다. 그리고 피해자의 걱정이나 고민을 함께 공감해 주지 않고, 오히려 대화의 초점을 피해자에게 맞춘다. 또한 피해자가 말하는 모든 것을 부인하면서 자신의 의견을 피해자에게 관철시키고 피해자의 판단력을 흐리게 하기 위해 사실을 왜곡한다.

가스라이팅을 당하고 있을 때 나타나는 징후

아무리 사랑하는 연인이라도 상대방이 자신에게 가스라이팅을 하고 있다는 것을 의심하기 전에 자신의 감정 상태는 어떠한지 확인해 볼 필요가 있다.

- 연인에게 자주 사과를 한다.
- 연인에게 자신이 잘하고 있는지 질문하곤 한다.
- 연인에게 자주 변명을 한다.
- 일이 잘못되면 자기 탓이라고 생각한다.
- 이유 없이 불안하고 자신감이 없다.

가스라이팅에서 벗어나는 법

"가스라이팅은 다른 사람이 볼 때 일방적인 가해자와 피해자가 있는 것처럼 보이지만 사실 이 관계는 항상 두 사람의 합작품이다."

이 말의 의미는 피해자에게 일말의 책임이 있다는 의미는 아니다. 핵심은 상대를 바꿀 수는 없지만 나의 행동은 바꿀 수 있다는 것이다.

- 가장 먼저 자신의 감정을 살피고 내 마음을 다독여 준다. '나는 지금 슬퍼, 나는 지금 힘들고 아프다.' 이 과정이 다소 유치하거나 힘들 수도 있지만, 나의 감정을 스스로 다독거려야 상대방의 영향력에서 벗어날 수 있다.
- 주변 사람들에게 말을 하라. 주변 사람들에게 있는 그대로 솔직하게 말하거나 도움을 요청하는 것도 필요하다.
- 스스로에게 확신을 가져라.
- 가해자와 주고받았던 문자나 이메일을 저장하라.
- 가해자에게 거절의 의사표시를 하라.

가스라이팅은 세뇌, 암시, 투사라는 세 가지가 섞여 작용하면서 상대방의 심리를 조종해서 피해자에게 지배력을 행사한다. 가스라이팅 가해자의 대부분은 나르시시스트(자기도취에 빠진 사람)들이 많다. 특히 이런 사람들은 타인에 대한 공감이나 죄책감이 없고, 사람을 수단으로만 보는 이기적인 사람들이다.

가스라이팅과 사랑을 구별하기란 쉽지 않다. 가스라이팅의 가해자들이 사용하는 대표적인 언어는 다음과 같다.

"그런 일은 없었어."
"넌 너무 예민해."
"넌 정신이 나갔어. 그리고 다른 사람들도 생각해."
"넌 기억력이 형편없어."

"내가 널 힘들게 했다고 생각하다니...미안..."

"넌 내가 어떻게 반응할지 몰랐어?"

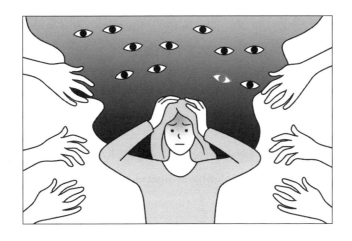

애정 결핍 테스트(성인 애착 유형 검사)

"교수님! 엄마는 제가 여섯 살 때 저와 동생을 버리고 떠났어요. 그날 엄마의 옷을 부여잡고 가지 말라고 우리랑 함께 살자고 매달렸어요. 그런데 엄마는 떠났어요. 교수님, 전 항상 여자친구가 곁에 있어도 자꾸 엄마가 절 뿌리치고 갔던 그날 그 장면 때문에 힘들어요."

사람은 누구에게나 채워질 수 없는 2% 정도의 마음의 공간이 존재한다. 이 2%의 공간은 누구나 찾아올 사람을 위해 비워 둔 공간이라고 한다. 이 공간은 누군가가 공간 안에 들어오면 잠시 채워지는 것 같지만 시간이 흐르면 다시 빈자리가 되어 다른 사람과의 만남을 기대하는 마음과 함께 지속적으로 타인들과의 관계를 맺게 하는 원동력이 된다.

하지만 모든 사람이 모두 안정적인 관계를 맺지 못하듯이, 애정 결핍이 있는 사람은 그 공간에 누군가가 늘 채워지길 좀 더 원하기 때문에 간혹 그것이 채워지지 않으면 보상심리가 작동하여 빈 공간이 생기면 애정이 상실된 것으로 느낀다. 그리고 그 강도가 강해지면 극도의 불안과 스트레스를 경험한다.

간혹 이런 성장기를 경험한 여자들은 자신을 사랑해 주고 아껴 주는 대상에게 정을 주기보다는 애정 표현을 잘 하지 않는 나쁜 남자에 끌리는 경우가 많다. 왜냐하면 어린 시절 자신의 애착 대상이었던 사람과 비슷한 사람을 선택하려는 경향이 있기 때문이다. 정작 그 사람은 사랑을 주지 않지만 본인은 그 사람에게 사랑을 받을 수 있을 것이라는 기대를 한다.

이런 경우는 애정 결핍을 치료하기 위해 애정 상실에 대한 불안을 적절히 다루고 현실적인 애정관계를 돕는 것이 필요하다.

자신의 애정 결핍 상태는 어떠한지 점검해 보자.

애정 결핍 자가 테스트

사람은 누구나 사랑받기를 원한다. 그러나 그 마음이 정도를 넘어서면 주변 사람을 힘들게도 하고 자기 스스로를 괴롭히곤 한다. 이것을 애정 결핍 증후군이라고 하며, 이 애정 결핍이 심해지면 정작 본인은 그 사람을 사랑한다고 생각하지만, 집착과 의심을 하게 되어 불행을 자초한다.

첫 번째 자가 테스트

번호	문항	체크
1	스킨십을 과도하게 좋아하는 편이다.	
2	먹어도 먹어도 허기진 느낌을 받는다.	
3	작은 한 마디에도 상처를 잘 받는 편이다	
4	머리카락을 뽑거나 손톱을 물어뜯는 등 반복적으로 하는 습관이 있다.	
5	인형이나 애완동물을 아주 좋아한다.	
6	나는 이성적이기보다 감성적이다.	
7	상대에게서 쉽게 서운함을 느낀다.	
8	품안에 안겨 있거나 안는 걸 좋아한다.	
9	가만히 있지 못하고 뭐라도 해야만 진정된다.	
10	흡연, 군것질, 물 먹기 등 끊이지 않고 할 수 있는 행동을 하나 이상은 하고 있다.	
11	스스로에 대한 자책을 많이 한다.	

출처: 성인 애착 유형 검사(http://typer.kr/test/ecr/).

결과 보기

11개 문항 중 8개 이상 해당이 된다면 '애정 결핍'일 가능성이 있다.

인정 욕구가 많고 애정 결핍에 시달리는 사람은 대부분 어린 시절 가족에게 받은 상처 때문에 피해 의식과 자책감이 강하다.

두 번째 자가 테스트

이 검사는 다른 사람과의 관계에서 자신이 어떻게 느끼는지 알아보기 위한 것이다. 총 10개의 항목이며, '예'는 2점, '보통'은 1점, '아니요'는 0점이다.

번호	문항	예	보통	아니요
1	친구나 지인 그리고 가족으로부터 관심이나 사랑을 거의 받지 못한다고 생각하나요?			
2	주위 사람들이 나에게 연락을 더 많이 하기를 원하나요?			
3	혼자 있으면 불안한 증상이 있나요?			
4	혼자서 어떤 일을 쉽게 못하나요?			
5	인간관계에서 보통 사람들을 많이 의지하나요?			
6	어렸을 때 부모의 사랑이 부족했다고 생각되나요?			
7	평소에 눈물이 조금 많은 편인가요?			
8	공간에 있을 때 구석을 좋아하나요?			
9	누군가와 헤어짐이 매우 힘드나요? (졸업, 이별, 사별 등)			
10	자신에게 애정 결핍 증상이 있다고 생각하나요?			

결과 확인

−1~5점: 애정 결핍 아님. 누구나 가지고 있는 일반적인 감정이다. 그런데 만약 2점 이하로 나왔다면 대로 공감 부족일 수도 있다.

−6~10점: 애정 충만형. 가장 일반적인 점수다. 자신이 스스로 애정 결핍이 조금 있을 거라고 생각하는 사람이 주로 애정 결핍 테스트를 많이 하기 때문이다.

- 11~15점: 애정 결핍 초기형. 12점 이상 점수가 나왔다면 이제부터는 애정 결핍 증상이 서서히 나타나는 단계다. 우선 자신을 파악하는 것이 중요하다(사람 그 자체가 그리운 것인지, 아니면 소중한 사람이 곁에 없다는 것이 두려운 것인지).
- 16~20점: 애정 결핍 과다형. 애정 결핍 증상이 확실히 있는 사람이다. 이 정도의 애정 결핍이면 혼자서 감당할 수 없다. 전문의나 주변 사람들에게 도움을 요청하는 것이 필요하다.

애정 결핍을 극복하는 방법

평소 여자친구와의 일로 나와 상담을 하는 ○○에게서 문자가 왔다.

"교수님! 요즘 여자친구가 문자를 해도 답이 없어요."

"하루에 몇 번 문자를 하는지 물어봐도 될까?"

"그냥 수시로 하는 것 같아요."

"특별한 일이 없는데도?"

"네."

"그리고 데이트를 할 때 제가 손잡고 다니는 걸 좋아하는데, 잘 안 하
려고 하고 자꾸 다른 사람을 보는 것 같아요."

"학교 근처니?"

"네."

"우리 만나서 얘기할까?"

○○가 이내 찾아왔다. 힘이 없고 약간 풀이 죽어 있었다.

"많이 힘들어 보이네."

"네……. 제가 너무 집착하는 건가 싶기도 하고 그래요."

"왜 그렇게 생각하는지 물어봐도 될까?"

"전에도 말씀드렸듯이, 전 어릴 때 부모님이 이혼하고 할머니와 아빠
랑 살고 있잖아요. 그런데 제가 그것 때문에 사실 집착이 좀 심하고
여자친구를 힘들게 하는 것 같아요."

"엄마와의 기억이 요즘도 많이 나니?"

"그냥 여자친구가 엄마처럼 제 곁을 떠날까 봐 늘 불안해요. 4학년이
라 졸업도 다가오니 요즘 더 부쩍 두려워요."

○○는 어깨를 축 늘어뜨리고 고개를 숙였다.

그 마음과 그 아픔이 내 마음속으로 스며들었다.

어린 시절 어머니의 부재로 힘들게 성장했던 이야기를 알고 있었
기에 ○○의 사랑을 마음속으로 더욱 응원하였다. 이 사랑이 아니면
또 다른 인연으로 사랑하는 사람과의 인연이 이어지겠지만, ○○의
상처와 불안을 잠재워 줄 시간이 필요해 보인다.

애정 결핍은 여러 모습으로 표현된다. 첫째, 어차피 자신을 사랑
해 줄 사람은 아무도 없다는 생각으로 사랑받기를 포기한 유형이다.
둘째, 사랑을 못 받았기에 꼭 받고 싶다는 유형이다. 이런 유형은 상

대방에게 집착하리만큼 매달린다. 셋째, '어차피 이 세상은 혼자 사는 세상이니까.'라며 사람들과의 관계를 회피하는 유형이다.

누군가를 사랑한다는 것은 그만큼 희생이 필요하다. 그러나 가장 중요한 것은 나를 사랑하는 그 마음이 우선시되어야 한다. 그리고 누군가를 후회하지 않을 만큼 사랑을 주려는 용기가 필요하다. 받으려는 마음보다 주려는 용기 말이다.

스스로 할 수 있는 애정 결핍 치료는 다음과 같다.

- 안정적인 사람을 만나 결핍된 애정 채우기
- 반려동물 키우기
- 종교 활동
- 명상
- 자기 자신과 치료적 대화 나누기 같은 자가 치료법
  여기서 치료적 대화란 나 자신에게 정기적으로 편지를 쓰거나 나 스스로에게 위로와 지지, 칭찬을 건네는 것이다.

이 외의 애정 결핍을 의심할 만한 증상과 해결 방법

매달리는 타입

이 타입은 가장 흔하게 나타나는 애정 결핍 타입으로 타인, 특히 연인에 대한 집착을 보인다면 매달리는 타입임을 쉽게 알아차릴 수 있다. 예를 들어, 애정 표현을 집요하게 요구하거나 두 사람이 함께 있는 시간을 최대한으로 무리하게 늘리려고 한다거나 두 사람이 만난 지 얼마 지나지 않아 동거에 들어가는 경우다. 이 외에도 휴대폰을 수시로 확인하거나 연인의 인간관계에 사사건건 간섭하거나, 이별을 하게 되더라도 그 사실을 받아들이지 못하고 다시 만나기를 원해 일상생활을 제대로 못할 정도로 불안정해지는 분리불안 증상을 나타낸다.

따라서 연인에 대한 과한 집착은 오히려 두 사람의 관계가 쉽게 깨지게 하는 경우가 많다. 이런 경우 외로움을 많이 타서 혼자 있는 것을 잘 견디지 못하며 타인의 시선과 평가에 예민하다.

회피하는 타입

이 타입은 성장기에 부모의 사랑을 받지 못한 것에 대한 상처가 너무 큰 나머지 연인과의 관계가 나빠졌을 때 받는 고통이 극심해서 마치 자신의 모든 것이 끝나게 될 거라는 두려움을 가지고 있다. 이런 타입은 타인에 대한 무관심하거나, 상대방이 다가오면 거리를 두거나 도망친다.

해결 방법

- 혼자만의 시간을 늘린다. 혼자만의 시간으로 자신을 만나 보고 자신을 사랑하는 시간을 가지도록 한다(자신을 마주하고 스스로 자신을 사랑하는 연습하기).
- 명상이나 요가, 정적인 운동(잠시 모든 행동을 멈추고 느리게 숨을 쉬기)을 통해 불안한 감정을 컨트롤하는 연습을 한다.
- 전문상담가의 도움을 받는다.

03

우리 둘만의 비밀, 연애와 성

1. 성의 의미

'성' 하면 무엇이 떠오르는가? 그렇다면 성을 공부해야 할 이유는 무엇일까?

성이 우리의 중요한 부분임에도 불구하고 대부분 기피하는 경향이 아직 우리 사회에 존재하는 것은 사실이다. 사실 성이 음성적으로 거래되고 개방적인 태도를 보이지 못한다면 결국은 우리 인간은 성에 대해서 우리가 지배하기보다는 성에 의해서 우리가 지배당할 수밖에 없다. 그러므로 성에 대한 올바른 인식이 바로 세워져야 한다.

먼저 성이란 무엇인지를 살펴보자.

성(性)은 '마음 심(心)'과 '날 생(生)'의 회의문자(이미 만들어진 둘 이상의 한 자를 결합하여 새로운 단어로 탄생한 문자)로, 전체적인 인간 그 자체를 뜻한다. 우리가 사용하는 성이라는 단어들을 살펴보면 성 이외에도 성격, 인성, 성미, 본성 등이 있다. 이러한 단어들은 개인의 전체성을 묘사한다.

영어에서 성(sex)의 어원은 라틴어 'sexus'에서 유래된 것으로

'seco(자르다, 나누다, cut)'란 동사의 파생어이며, 성(性)은 인간의 본성을 지키며 사랑을 'sexus' 나누란 뜻이다. 우리나라에서도 조선시대 왕실에선 10대부터 '보정'이라는 성교육을 필수 과목으로 배웠다고 전해진다. 즉, 성은 모성으로부터 탯줄을 자름으로써 완전한 성이 된다는 뜻이므로, 이것은 완전하게 탄생된 인간을 의미하는 것이다.

결론적으로, 남성과 여성으로 태어난 독립된 인간을 의미한다고 할 수 있다. 요컨대, 어원으로 볼 때 성이란 인간, 인성 또는 전인적 인간을 총칭하는 것이며, 단순한 성행동이나 육체적인 성의 결합만을 의미하는 것이 아니라는 점이다. 성을 의미하는 단어는 섹스, 젠더, 섹슈얼리티 등이 있다.

사실 인간은 태어나는 순간부터 남녀의 성적인 특성을 지닌 존재로 분류되고 평생을 성과 함께 살아간다. 자라나면서 자신의 성적인 특성을 알고 남자친구와 여자친구는 서로의 성적 특성의 변화를 고려하고 인격을 존중하며 아름답게 성을 가꾸어 나가야 한다.

섹스

서양어의 섹스(sex)라는 단어는 '나누다' '분리하다'의 뜻인 섹코(seco), 섹크(sec)에 관련된 라틴어 섹서스(sexus)에서 유래하였다. 인간은 태어나면서부터 남성(male), 여성(female)으로 구분된다. 남성과 여성을 구분할 때 외적인 생식기로 구분할 뿐 아이의 심리 및 발달 검사로 결정하지는 않는다. 즉, 성은 성관계를 의미하기보다 생물학적인 면에서 남녀의 구분을 뜻한다.

젠더

젠더(gender)는 서로 다른 사회화, 문화화 과정을 거치면서 훈련 및 습득 되는 여성의 성과 남성의 성 및 성역할을 의미한다. '젠더'란 개인이 태어난 이후에 사회적 · 문화적 · 심리적 환경에 의해 습득된 후천적인 성을 의미한다(윤가현, 2016). 이를 정신적 주체성(gender identity)이라고 하며, 이 용어는 주로 여성운동가들이 즐겨 사용한다. 여성운동가들은 여성이 사회적 역할이나 지위에 있어서 남성에 비해 상대적으로 열등한 것은 생물학적인 성의 차이에서가 아니라, 사회와 문화가 만들고 형성하여 길들여진 것으로 보고 있다.

섹슈얼리티

섹슈얼리티(sexuality)는 19세기에 이르기까지는 그 의미를 찾아보기 어려웠다. 이는 일반적으로 육체적 기관을 뜻하는 중립적 개념으로서의 섹스(sex)와 젠더(gender)를 모두 포괄한다. 더 나아가 인간의 육체적 · 정신적 · 사회심리적 차원들을 모두 포괄하기도 한다(박충구, 1996). 즉, 섹슈얼리티는 성에 대한 태도와 개념, 행동, 감정, 가치관, 신념 등을 포함한다(윤가현, 2016). 한편, 이 섹슈얼리티는 성관계만을 뜻하는 것이 아니며 인격의 한 차원을 차지하고 정신적 주체성의 영향을 받는다. 최근 섹슈얼리티를 우리말로 '성성(性性)'이라고 한다. 이를 우리말의 일상 언어에서 찾는다면 색(色)에서 찾을 수 있다. 그리고 우리말에는 성이라는 단어 하나로 섹스, 젠더, 섹슈얼리티를 표현한다.

프로이트의 성적 발달의 다섯 단계

프로이트의 성에 대한 기본적인 태도를 살펴보면, 성이 모든 인간 행동의 기본적인 동기이며 성문제 때문에 인간의 신경증적 증상이 발생한다. 그리고 인간의 불안의 근저에는 성에 관련된 문제를 적절하게 대처하지 못하는 데 있으며, 성적인 욕구는 어린아이 시절에서부터 시작한다.

프로이트의 사상의 핵심은 다음과 같다.

첫째, 유소년기의 경험이 성격을 형성한다.

둘째, 인간 행동의 원인은 무의식의 표출이다. 프로이트의 사상은 무의식을 모든 표출 행동의 원동력으로 보기 때문에 개인의 자유의지가 무시된다.

셋째, 인간은 원욕(id), 자아(ego), 초자아(superego)의 영역으로 이루어져 있다.

넷째, 인간의 기본심리의 에너지는 리비도다. 리비도(libido)는 사람이 내재적으로 갖고 있는 성욕 또는 성적 충동을 가리킨다. 이는 성기와 성적인 접촉을 바라는 욕망과는 다른 넓은 개념을 뜻하며, 리비도가 사춘기에 갑자기 나타나는 것이 아니라 태어나면서부터 발달하며, 개인의 쾌락 추구에 따라 각기 다른 모습을 지닌다.

구순기(출생~18개월)

빠는 행동을 통한 쾌감의 시기로, 충족이 좌절되거나 반대로 과도하게 충족될 때에 과식, 과음, 과흡연, 의존, 분노 등의 구순 도착증의 현상이 생긴다.

항문기(18개월~3세 반)

배설을 통한 쾌감의 시기로, 대소변을 엄격하게 훈련하거나 느슨하게 훈련을 할 경우에 항문 폭발적 성격과 항문 강박적 성격이 형성된다. 항문 폭발적 성격은 정돈되지 않고 지저분하고 낭비벽이 심하고, 항문 강박적 성격은 고집이 세고 완고하고 검소한 반면에 인색해진다.

남근기(4~5세)

성기를 통한 리비도 만족과 오이디푸스 콤플렉스(oedipus complex)와 엘렉트라 콤플렉스(electra complex) 현상이 나타난다. 오이디푸스 콤플렉스는 남아가 아버지와 동일시하는 남성다운 모습으로 발달하고, 엘렉트라 콤플렉스는 여아가 남근에 대해 선망하게 됨을 의미한다. 이 두 가지는 아동이 이성의 부모에게 성적인 매력을 갖게 되는 현상이다.

잠복기(6~12세)

성적 욕구나 갈등이 억압되는 평온한 시기로, 지적 탐색과 주위 환경에 대해 탐색한다.

생식기(사춘기 이후)

이성에 대해 관심이 많고, 이 시기를 잘 넘기면 이타적인 원숙한 성격이 형성된다.

2. 성에 관한 남자와 여자의 생각

무의식의 유혹 – 아니무스와 아니마

어느 날 문득 어떤 사람을 보자마자 첫눈에 사랑에 빠진다면 어떨까? 드라마나 영화에서 첫눈에 빠지는 사랑의 모습을 자주 볼 수 있다. 이것은 인간의 무의식 속에 있는 여성상인 아니마와 남성상인 아니무스를 상대방에게 투사하기 때문이다. 그러나 대부분 첫눈에 사랑에 빠진 느낌으로 시작한 관계는 그리 오래 가지 못하는 경우를 종종 본다. 죽는 날까지 영원할 것 같았던 열정적인 사랑이 시간이 지날수록 차갑게 식어 버리는 것은 더 이상 그 사람에게 투사가 일어나지 않기 때문이다. 칼 융(Carl Jung)은 이러한 인간의 심리를 가장 깊이 들여다보았으며, 남자의 무의식에 존재하는 여성성을 '아니마'로, 여자의 무의식에 존재하는 남성성을 '아니무스'라고 이름하였다.

인간은 무의식에 잠재되어 있는 생각이나 감정 또는 동기 등을 타인에게 돌리는 것을 심리학 용어로 '투사'라고 한다. 앞서 언급한 남녀가 첫눈에 반해 사랑에 빠지는 것은 무의식의 아니마와 아니무스가 서로에게 '투사'되기 때문이다. 하지만 첫눈에 반해 사랑에 빠진 느낌으로 기초한 관계는 그리 오래가지 못한다.

대부분 무의식에 잠재된 내용은 투사를 인식함으로써 자신의 의식에 통합하는 과정을 거치며, 조금씩 인격의 성숙으로 나아가도록 무의식을 의식으로 끌어올림으로써 온전한 전체 정신에 도달하도록 인도하는 매개자 역할을 하기도 한다. 첫눈에 반할 만큼 매력적이던 상대방이 시간이 지나면서 실망감과 고통을 주는 대상이 되기도 하고 사랑하는 사람에게서 실망을 하는 일이 발생하기 시작하면, 종종 사랑이 식었다고 생각하고 서서히 다른 이성에게 눈을 돌린다. 그러나 상대방을 진정으로 사랑하기 위해서는 그 사람을 있는 그대로 바라보고 서로를 배려하는 성숙한 마음가짐을 가져야 한다.

한편, 남녀 간의 사랑과 성에 관한 다름은 그 자체를 인정해 주어야 하며, 성(性)은 현대 사회에서 주요한 화제이며 인간에게 주된 관심사가 되었으며 남녀를 구분할 때 사용하는 섹스(sex)와 젠더(gender), 즉 '성'이라는 용어 또한 일상생활에서 자주 사용하고 있다. 그러나 섹스, 젠더, 섹슈얼리티 이 세 가지 용어는 중복되는 개념을 가지고 있어 간혹 혼용해 사용되기도 한다. 정확하게 설명하자면, 생물학적인 면에서 남자와 여자를 구분할 경우에 '섹스'라는 용어를 사용하는데, 이는 해부학적으로 남성(male)인지 여성(female)인지를 구분해 주는 용어로 사용되고 있다. 최근에는 섹스의 의미가 더욱 확장되어 종족 보존 과정의 생물학적인 면을 언급할 때 사용되고 있다.

먼저 남성과 여성의 성을 비교하자면 남자들의 성은 시각적이고 즉흥적인 반면, 여자들은 촉각적 · 청각적 · 후각적이다. 이러한 이유 때문인지 남자들은 성행위 자체가 그 목적의 끝인 경우가 많으므로 막상 남자들은 성행위 이후에는 여성에게 흥미를 잃게 된다. 그러나 여자는 남성과 성행위를 끝낸 이후에도 계속 같이 있고 싶어 하는 마음을 갖고 있으며, 비교적 그 시간이 길어 그 느낌이 오래 가게 된다.

결론적으로, 남자와 여자 모두 욕구를 가지고 성행위를 하지만 남자는 성행위 그 자체가 목적이고, 여자는 그 이후의 계속적인 애정이 지속되는 것이 목표다. 이러한 연구 결과들은 결국 남자와 여자는 서로의 성에 대해 폭넓게 이해를 하고 상대방의 다양성을 인정해 주는 것만이 원만한 이성교제를 만들어 준다는 것을 보여 준다.

물론 이런 연구를 종합해 보면, 남성들 중 여성들과 거리낌이 없이 대화를 하는 남성은 아니마와 긍정적인 관계를 잘 맺고 무의식이 의식으로 확장되는 경우다. 그러나 반대로 아니마가 건강하게 발현되지 못하면, 사소한 일에도 짜증을 내거나 어린아이 같은 행동을 하기도 한다. 마찬가지로 여성이 아니무스를 긍정적으로 잘 발휘하면 추진력도 있고 진취적이며 리더십도 있는 사람으로 인정받기도 한다. 반대로 아니무스가 부정적으로 발현되면, 남성 못지않게 권위적이며 지배적이고 권력 지향적으로 변한다.

성역할 인식

'남자답다'거나 '여자답다'는 말, 성차별일까?
성 '차이'와 '차별'은 다르다?
성에 따른 사회적 역할의 차이가 극명한 사회일수록 사회적 존재로서의 '나'는 '여성(혹은 남성)으로서의 나'를 의미하며, '여성으로서의 나'는 '남성으로서의 나'와는 다른 사회적 요구와 기대 속에서 같은 시공간을 살더라도 서로 다른 현실을 경험하게 된다.

'차이'란 서로 같지 아니하고 다름을 표현하는 말이며, '차별'은 비교해 차이를 매기는 가치가 담겨 있는 말이다.

'성역할'이란 한 문화권 내에서 통용되는 남성과 여성의 역할에 대한 기대치이자 고정관념을 가리킨다. 따라서 '성역할 인식(gender role attitudes)'은 성별에 따른 생물학적 역할 및 그 차이에 대한 인식이 아니라, '성별에 따라서 기대되는 사회적 역할, 즉 고정관념으로서의 성역할에 대한 인식'을 의미한다.

남성과 여성에 대한 사회의 분위기를 성역할 인식에 따라서 크게 두 가지로 구분할 수 있는데, 하나는 '전통적'이고 '보수적'인 사회이고, 다른 하나는 '현대적'이고 '평등적'인 사회다. 전통적이고 보수적인 성역할 인식이라 함은 남성이 생계 부양자로서 노동시장에 진입하여 유급 노동을 해야 하고, 여성이 전업주부 또는 돌봄 역할을 가정에서 담당해야 한다는 것을 의미한다.

반면, 현대적이고 평등적인 성역할 인식이란 성별에 따라서 특정 역할을 해야 하는 구분이 있는 것이 아니라, 남성도 돌봄 노동이나 가사노동을 할 수 있으며, 여성도 생계 부양자로서 경제활동에 참여할 수 있다는 인식을 의미한다.

무엇보다 중요한 것은 첫째는 '성(gender)'이고, 둘째는 '성역할(gender role)'이며, 마지막 셋째는 '인식(attitudes)'이다. 이런 성에 대한 고정관념을 바로잡기 위해서는 성에 대한 인식과 성역할에 대한 올바른 인식을 가지고 있어야 한다.

다음은 바람직한 성역할에 대한 말의 예시이다.

- '남자답다' '여자니까' 같은 성적 고정관념이 반영된 말을 하지 않는다.
- 남녀 구분 없이 모두 집안일을 거들게 한다.
- 아버지가 자주 따뜻한 감성을 표현하고, 여성을 배려하는 행동을 실천한다.
- 어머니가 집안일에 결정을 내리는 모습과 포용력 있는 행동을 많이 보여 준다.
- 성적 매력만을 부각하는 드라마나 광고에 대해 비판적인 시각을 길러 준다.
- 내면의 아름다움에 대한 중요성을 잘 알려 준다.
- 여자아이가 가진 씩씩함을 격려하고, 소신 있게 자신의 의견을 말하고 행동할 수 있도록 가르친다.
- 남자아이가 가진 친절하고 섬세한 감성을 격려하고, 타인에 대한 배려나 친밀감을 표현하도록 교육한다.

허은(2017)에 따르면, 24세에서 37세 사이 여성들에게서도 여성이 가사를 전담해야 한다는 인식이 어느 정도 약화된 것으로 나타났다. 특히 여성의 교육수준이 올라갈수록 가사에 대한 고정관념이 약화되었으며, 여성들은 취업을 하게 되면서 여성이 가사를 담당해야 한다는 인식을 거부하는 양상을 보인다. 이에 대해 허은(2017)은 여성들이 자신의 성역할 태도를 자신의 생활에 맞추어 변화시키는 것으로 이해할 수 있다고 논하였다.

3. 성관계와 임신 그리고 동거와 결혼에 대한 생각

수업이 끝난 후 새내기 여학생이 나를 기다리고 있었다.

"혹시 나를 기다리고 있었니?"

"네. 교수님, 잠깐 이야기 나눌 수 있을까요?"

"그래."

"무슨 일이 있니?"

"사실 3학년 선배와 사귄 지 3개월쯤 되었어요."

"그렇구나. 그런데?"

"그런데 선배가 데이트를 한 지 얼마 지나지 않아서부터 계속 성관계를 요구했어요."

"근데 그 이후로 매번 만날 때마다 패턴이 늘 마지막에 성관계로 끝나요. 선배가 좋은데 피임은 하고 있지만 임신도 걱정이 되고, 무엇보다도 저를 성적 대상으로 생각하는 것 같아서 기분이 안 좋아요."

"선배는 너에게 뭐라 하는지 질문해도 될까?"

"제가 왜 선배는 늘 성관계만 하려고 그러느냐고 하니까, 우리 사랑하는 사이 아니냐며 사랑하면 서로 확인하고 나누는 거 아니냐며 그게 싫으냐고 하는데……. 제가 싫다고는 못하겠더라고요. 싫지는 않은데 자꾸 그러니까 거부감도 들고요……."

동거는 필수? 결혼은 선택? 동거에 대한 생각

연애는 필수, 결혼은 선택

가슴이 뛰는 대로 하면 돼

눈물은 이별의 거품일 뿐이야

다가 올 사랑은 두렵지 않아

– 가요 「아모르파티」 중에서 –

　몇 년 전 유행하던 유행가 가사의 한 부분이다. 요즘은 결혼은 선택이며 동거는 필수가 된 젊은 세대의 문화가 자연스럽게 자리를 잡고 있다. 동거에 대한 의견이나 생각들은 다양하며, 물론 어떤 사람들은 결혼을 하기 전 동거를 해 보고 그 다음 결혼을 신중히 생각하라는 의견을 내놓기도 한다. 여기서 핵심적으로 생각해 보아야 할 부분은 결혼에 대한 거부 반응이 점점 커지고 있으며 결혼을 하더라도 아이의 양육에 대한 부담감으로 인해 출산을 포기하는 부부들이 늘어나고 있다는 점이다.

　물론 주변에서 요즘은 동거를 하는 커플을 가끔씩 보거나 듣기도 한다. 대학생들도 각양각색의 사연으로 함께 동거를 하다가 헤어지기도 하는 것을 보면 예전에 비해 동거를 바라보는 시선 또한 많이 바뀌었다는 점을 알 수 있다. 얼마 전 20대 미혼남녀들을 대상으로 "동거에 대해 어떤 생각을 가지고 있을까?"라는 질문으로 조사를 하였다. 조사 결과, 최근 20대 사이에서 동거가 점점 늘어나는 추세이며 실제로 우리나라 대학생들의 상당수가 동거에 대해 부담이나 큰 의미를 부여하지 않는 것으로 나타났다. 그 중 대학생 100명을 대상으로 "동거를 어떻게 생각하는가?"에 대해 질문을 던진 결과 85%가 긍정적이라고 답했다. 이러한 선택을 한 이유는 먼저 '상대방을 더 깊이 알 수 있다' 또는 '결혼하기 전 예행연습이다' 등의 응답이 가장 많았다. 또 다른 답변으로는 '귀가 후에도 떨어져 있을 필요가 없다' '금전적인 부분에서 비용이 절약된다' 등을 동거에 찬성하는 이유로 꼽았다.

찬성한다는 답변과는 반대로 '동거에 반대한다'는 응답은 단 15%에 그쳤다. 반대의 답변 대부분은 '아직 동거에 대한 사회적 인식이 좋지 않아 신중할 필요가 있다'라는 것이 주를 이루었다. 또한 '동거를 하게 되면 프라이버시뿐만 아니라 개인적인 시간이 없어져서 반대다' 또는 '남녀가 경제적인 문제로 동거를 시작한다 해도 나중에 어떤 일이 벌어질지 모르기 때문에 부정적이다'라는 의견도 있었다.

그중 "이성과의 동거 경험이 있나?"라는 질문에는 87%가 '없다'고 답했으며, 오직 13%만이 '동거 경험이 있다'는 답변을 하였다. 그러나 "만약 사랑하는 연인이 동거를 제의한다면 어떻게 할 것인가?"라는 질문에는 65%가 동거를 찬성한다고 답하였다. 이는 동거에 대한 젊은 세대들의 생각을 유추해 볼 수 있는 결과이며, 과거 남성들만이 동거에 대해 긍정적이었다면 이제는 남녀를 구분하지 않고 '동거를 하며 서로 좋아하는 사람과 지내고 싶은 생각에 매우 긍정적'이라고 생각한다는 것이다. 그러나 가장 중요한 것은 변화된 인식만큼 서로를 향한 진지한 자세가 필요하다는 점이다.

여름 방학을 앞 둔 어느 날 졸업생 ○○에게서 전화가 왔다. 학교를 다닐 때도 성장 과정에 관해 이야기를 나눈 적이 몇 번 있던 터라 잘 지내고 있는지도 궁금했고 걱정도 되었다. 부모의 이혼으로 어린 시절부터 녹록치 않은 시간을 보냈고 그런 힘든 과정들이 ○○를 매우 예민하고 신경질적으로 만들었다. 학교로 방문하기로 한 시간이 다가오자 나의 마음속에는 ○○의 생활에 대한 걱정이 스멀스멀 올라왔다. 지루한 기다림의 시간이 지나고 ○○가 꾸벅 인사를 하며 들어왔다.

"○○구나. 오랜만이다!"

"잘 지내셨어요?"

한눈에 봐도 많이 힘들었는지 수척해 보였다

"요즘 어떻게 지내?"

"아직 알바 두세 개는 거뜬히 하고 잘 살고 있어요."

"역시 멋지게 잘 살고 있네. 오늘은 쉬는 날이야?"

"교수님! 사실 요즘 화나는 일이 있어서 교수님께 속 시원히 털어놓고 싶어서 왔어요."

"그래, 뭐든 말해 봐."

"사실 지금 저 동거하고 있거든요. 근데 지난번 교수님께 말씀드렸을 때 조금 신중하게 선택하라고 하셨는데 이제 와서 보니 정말 후회되고……."

사실 ○○는 방값을 조금이라도 줄이고자 동거를 하려고 고민했었다. 그 당시 조금 더 생각해 보고 선택을 하라고 조언했었다. 그런데 ○○에게 그동안 무슨 일이 있었던 걸까?

"사실 5개월쯤 되었는데 이 자식이 너무 예의가 없는 거예요. 방값도 반반씩 내고 집안일도 반반씩 하기로 했거든요. 근데 안 해요. 그리고 하루 종일 일은 안 가고 집에만 있는 거예요."

"많이 속상했겠네. 그래서 어떻게 하고 싶은지 물어봐도 되나?"

"사실 어제 집에서 나가라고 하고 싸웠어요."

"나간다고 했어?"

"안 나간대요. 짜증나서 미치겠어요."

"일단 감정 가라앉히고 현명하게 해결할 방법을 생각해 보자."

"정말 내 인생이 왜 이런지 모르겠어요. 흑흑……."

○○의 눈에서 흐르는 눈물의 의미를 나는 정확히 모른다. 그러나 힘

들고 속상하고……. ○○는 어린 시절부터 엄마의 부재로 인해 늘 힘
들었기에…….

결혼의 의미와 의의

결혼은 성숙한 남녀가 사랑과 신뢰를 바탕으로 법적 · 사회적 절
차를 밟아 부부가 되는 제도를 가리키며, 사람들은 결혼을 통해서
심리적 · 경제적 · 사회적 · 성적 욕구 등을 충족하기를 기대하지만
결혼에 거는 기대와 동기는 개인에 따라 다르다. 왜냐하면 결혼에
대한 바람직한 동기는 성공적인 결혼생활 유지에 중요한 요인이 되
지만, 결혼의 동기가 바람직하지 않은 부부는 건강한 결혼생활을 지
속하기가 어렵기 때문이다.

통계청이 발표한 2022년 사회조사 결과, 우리나라 국민 10명 중
7명은 '결혼하지 않고 동거가 가능하다'라고 답한 것으로 조사되었
다. 이 조사 결과에서 '남녀가 결혼하지 않더라도 함께 살 수 있다'
고 생각하는 비율은 2년 전보다 5.5% 포인트로 늘어난 65.2%로 처

음으로 60%대를 넘어섰다. 이는 결혼을 하지 않더라도 동거를 할 수 있다는 비율이 점점 늘어 가고 있다는 것이다.

이 조사에서도 나타났듯이, 요즘 우리나라의 사회적 문제로 대두되고 있는 것은 젊은이들이 결혼을 하지 않으려 한다. 특히 결혼을 하더라도 자녀를 임신하고 출산하려는 생각이 없다는 부부가 늘어난다는 점도 큰 문제로 대두되고 있다.

물론 남녀가 서로 사랑하며 서로를 지지하는 동반자로서, 애정과 친밀감을 공유하고 결혼에 대한 긍정적인 태도로 함께 성장하고자 하는 것은 매우 중요하다. 그리고 결혼은 책임과 의무가 따르는 현실적인 생활이므로 행복한 결혼생활을 위해서는 두 남녀가 신체적 · 정신적 · 사회적 · 경제적 · 법률적으로 여러 가지 조건을 충족해야 한다. 결혼을 사랑의 환상만으로 해서는 결코 아니 된다.

결혼은 두 사람의 성인 남녀가 정식으로 부부관계를 맺어 가족을 이루는 것으로, 쌍방의 합의에 의해 이루어지는 행위다. 결혼의 주요한 법적 기능은 한 공동체 안에서 서로의 권리를 보장하고 혈연관계를 정하는 데 있다. 다른 의미로 결혼이란 하나의 사회적 제도이며, 관습으로 서로 다른 두 사람이 결합하여 일정한 사회적 형식을 갖추어 가족을 구성하는 과정이다. 이는 사회를 유지하기 위한 가장 기본적인 수단이 됨과 동시에 자기 자신에게는 새로운 삶을 위한 수단이다.

결혼에 대한 의미와 사람들의 생각도 많이 변화하고 있다. 과거에는 일정한 연령에 도달한 남녀가 반드시 치러야 하는 통과의례로 여겨졌던 결혼이 현대사회에서는 더 이상 필수적인 과정이 아닌 선택으로 인식되고 있다.

사람들은 "왜 결혼하는가?"라는 질문에 '사랑하니까' '보다 안정된

삶을 위해'라고 하였지만, 요즘 많은 커플의 결혼이 실패하는 이유는 결혼에 대한 잘못된 믿음이나 신화를 갖고 있기 때문이다.

"교수님! 전 결혼하는 게 두려워요."

"왜? 뭐가 가장 두려워?"

"엄마가 저를 버리고 도망을 가고 전 아빠와 할머니랑 살았어요. 사랑은 믿을 수 없는 거니까요."

"꼭 그렇게 생각하지 않아도 돼."

"저도 엄마처럼 결혼생활이 힘들다고 떠날지도 모른다는 상상도 되고 남자친구는 취업을 했어요. 그래서 제가 졸업하고 취업하면 결혼을 하자고 해요."

"두려움은 실체가 없는 거지만 네가 지금 계속 그 감정에 휩싸여서 상상을 하게 되면 너의 인생이 변화되는 게 있을까?"

"그렇지는 않아요. 그 생각을 지우려고 해도 그게 잘 안 되고, '꼭 결혼을 해야 하나? 그냥 사랑하는 연인관계로만 지내면 되는 건 아닐까?' 하는 생각이 들어요."

"남자친구와 그 문제로 자주 다투니?"

"네. 결혼하면 아이도 세 명은 낳고 싶다고 남자친구는 말하지만, 전 아이도 낳고 싶지 않아요. 저처럼 엄마 없이 자라게 하고 싶지 않으니까요. 사실 우리가 사귄 지 1년이 넘었는데, 사실은 자연스러운 스킨십도 잘 안 되고 제가 자꾸 피하게 돼요."

자신의 성장 과정이 너무 힘들었기에 사랑 앞에서도 겁이 나는 ○○는 결국 눈물을 흘렸다. 뚝뚝 떨어지는 눈물을 보며 그냥 살포시 안아 줄 수밖에 없었다.

결혼을 하는 주요 동기

결혼의 의미와 변화

결혼은 두 성인 남녀가 자유의지를 가지고 선택하는 하나의 생활양식이자 사회제도이며 합법적인 성적 욕구의 충족, 그리고 자녀 출산과 양육을 통한 가계 계승, 생식 행위를 통한 사회구성원의 충원, 정서적 안정과 친밀한 관계 형성 등의 중요한 의미를 갖는다. 또한 결혼은 성숙한 두 사람이 만나 상대를 존중하면서 서로 협력해 나가는 관계이며, 신뢰와 협력이 바탕으로 되는 제도를 의미한다. 학문적으로 결혼은 자신이 태어나 성장한 출생 가족을 떠나 배우자와 더불어 새로운 가족을 형성하는 법적·사회적 결합이다. 이 외에도 결혼이란 적절한 연령에 도달한 성인 남녀가 이성교제와 배우자 선택의 과정을 통해 애정과 신뢰를 확인하고 정신적 또는 육체적으로 결합하는 것이다.

특히 결혼은 두 성인 남녀가 자유의지를 가지고 스스로 선택하는 하나의 생활양식이자 사회제도이며, 두 남녀의 사회적·법적 결합을 의미한다. 따라서 대부분의 사람은 결혼을 통하여 개인적 욕구충족과 이에 대한 법적 승인 및 사회적 인정을 획득함과 동시에 사회적인 의무와 책임을 지게 된다.

물론 결혼에 대한 동기는 커플들이 각기 다른 생각을 가지고 있겠지만 크게는 다음과 같은 동기들이 있다.

- 사랑의 실현
- 성적욕구의 충족
- 정서적·경제적인 안정

- 부모가 되기 위한 성취
- 진정한 성인으로서의 신분 획득

결혼에 대한 부정적인 인식과 결혼을 기피하는 사회현상으로 인해 우리 사회가 결혼과 출산에 대한 다양한 지원과 인식의 변화 등을 고민해야 할 때다.

물론 결혼에 대한 긍정적인 인식을 묻는 질문에 남성의 경우 응답자의 12.1%가 '반드시 해야 한다', 44.2%는 '하는 편이 좋다'고 밝혀 절반 이상(56.3%)이 필요성을 긍정했지만, 여성은 '반드시 해야 한다' 4.7%, '하는 편이 좋다' 30.8%로 35.5%만 긍정하는 것으로 조사되었다. 결혼에 대해 '반드시 해야 한다'거나 '하는 것이 좋다'고 생각하는 미혼 남녀는 30%에 불과한 것으로 조사되었다. 특히 미혼 여성은 10명 중 2명 정도에 그쳤다. '결혼은 필수가 아니라 선택'이라고 생각하는 미혼들이 압도적으로 많다는 뜻이다. 결혼하지 않은 이유로는 '결혼 자금이 부족해서'가 28.7%로 가장 많았고, '고용 상태가 불안정해서'(14.6%)가 그 뒤를 이었다. 경제적인 이유 때문에 결혼하지 않은 사람이 많다는 뜻이다.

결혼은 이상이 아닌 현실이며, 드라마나 영화처럼 매일 매번 좋을 수는 없다. 서로가 진정한 어른으로 거듭나기 위해서는 스스로를 조금은 내려놓고 상대방과 대화를 통해 서로의 의견을 최대한 존중해주어야 한다. 가장 중요한 것은 첫째, 대화이며, 둘째, 서로에 대한 신뢰, 그리고 셋째, 존중이다. 이 세 가지를 서로 마음에 담고 상대방을 대하면서 살아간다면 결혼생활이 더 행복해질 것이다.

행복은 목표가 아니라 목표로 향하는 하나의 길이다. 따라서 결혼생활을 행복하게 유지하는 방법에 초점을 두는 것이 목표를 달성하는 핵심일 것이다.

아모르파티(Amor Fati)는 '운명을 사랑하라'는 뜻의 라틴어이며, 운명애(運命愛)라고도 칭한다. 영문으로는 Love of Fate 또는 Love of One's Fate이다. 철학자 니체가 자신의 근본 사유라고 인정한 영원 회귀 사상의 마지막 결론이 바로 '아모르파티'다.

한때 선풍적인 인기를 끈 가요 〈아모르파티〉의 노랫말에서도 "연애는 필수 결혼은 선택, 가슴이 뛰는 대로 하면 돼. 눈물은 이별의 거품일 뿐이야. 다가올 사랑은 두렵지 않아."라는 이 구절에서 많은 사람이 고개를 끄덕였다.

내가 생각하는 결혼은 무엇인가?

사람들이 결혼을 선택하는 이유는 무엇일까?

갈등과 이별 그리고
남은 상처

04

이별 통보 시
이별 대처를 잘 하는 법

    사랑의 콩깍지가 벗겨지는 순간 이후 많은 커플이 살얼음판을 걷게 된다. 사소한 일로 다투거나 예전에는 멋져 보이고 예뻐 보이던 상대가 밉게 보이다가 별일 아닌 것으로 "우리 그만 헤어져!"라는 말을 서로에게 던진다. 사랑과 애정이 있으니 싸움을 하는 것일까? 이별은 서로에게 큰 아픔이고 상처이다. 상대방에게 상처를 주는 이별보다는 서로를 잘 보내 주는 이별을 해야 한다. 그것이 나 자신을 위한 길이다.

1. 이별의 유형과 대처 방법

    사랑해서 만나고 헤어지기 싫던 연인도 사랑싸움은 하기 마련이다. 간혹 "우린 한 번도 싸운 적이 없어요."라는 말을 하는 커플도 있지만 대부분의 커플은 한두 번 아니 그 이상 싸우기 마련이다. 그러나 별것 아닌 문제로 싸우게 되고 그것으로 헤어지는 경우도 발생한다.

연인들이 가장 많이 싸우는 이유는 무엇일까?

첫 번째는, 커플마다 조금씩 다르겠지만, 가장 많은 대답으로는 '이성친구 문제'(33.6%)로 나타났으며, 두 번째는 '연락 문제'(22.9%), 세 번째는 시간약속으로 나타났다.

그 밖에 여러 이유들이 있지만, 각각의 이유의 밑바탕은 바로 '서로의 자존심' 때문이다. "그깟 자존심이 뭐라고."라는 말도 하지만 주변에는 죽어도 자존심을 굽히지 않는 사람들이 있다. 그래서 많은 사람이 자존심이 강한 사람과는 연애를 하기 힘들다고 하는 이유다.

물론 사랑할 때는 죽어도 헤어지지 않을 것이라는 생각으로 서로 사랑했던 두 사람이 이별을 하게 되는 데는 수많은 이유들이 존재한다. 하지만 가슴 아픈 이별을 하더라도 서로에게 미운 감정을 갖지 않게 하는 이별 통보 방법을 유형별로 알아보고, 각 유형에 대한 현명한 이별 대처법에 대해서도 알아볼 필요가 있다. 왜냐하면 어차피 두 사람이 인연이 아니라면 이별을 하고 서로가 각자의 행복한 삶을 살아가는 것이 더 큰 불행을 막기 때문이다. 그리고 자신과 그 사람은 서로 맞지 않더라도 다른 사람이 더 자신과 잘 맞고 서로를 성장시켜 줄 수도 있기 때문이다.

다음은 이별 앞에 자주 나타나는 유형이다.

〈유형 1〉 "너랑 잘 안 맞는 것 같아!"

사실 연애 초기에는 대부분의 커플이 탐색을 하면서 잘 맞는지 안 맞는지를 모르는 경우가 많다. 특히 요즘 커플들의 대부분은 탐색 시간이 너무 짧아서 시간이 지나고 나서 약간 후회를 하는 경우를 많이 본다.

간혹 결혼적령기에 들어선 커플들 중에서 이별을 말할 때 이별 사유는 '서로 간의 능력'이 많이 차지한다. 예전에는 남자의 능력만을 중시했다면 이제는 여성도 전문직 종사자들이 많기 때문에 서로의 능력을 보게 된다. 사랑하지만 이성적으로 따져 보았을 때 자신과 함께 미래를 같이 갈 상대에게 불안함을 느낀다면 헤어지기 마련이다.

〈유형 1〉의 이별 대처 방법

이런 경우 다시 상대방을 잡는다는 것은 다소 힘들지만 두 사람이 사랑했던 시간들을 곱씹어 보고 옛 사랑의 추억을 생각하며 서로의 비전을 생생히 나누며 대화를 해 보는 것이 어떨까? 이미 서로가 마음이 떠났더라도 확실한 미래 비전을 보여 준다면 대부분의 사랑은 다시 돌아온다.

〈유형 2〉 애정확인형 - "네가 날 얼마나 사랑하는지 보여 줘!"

요즘은 남녀 가릴 것 없이 사랑을 확인받고 싶어 하는 사람들이 많다. 특히 여자들은 남자친구가 자신이 원하는 방향으로 끌려오지 않으면 헤어짐을 무기로 남자에게 협박성 멘트를 날리기도 한다. "너 자꾸 이렇게 밤늦게까지 술 마시고 다니면 정말 헤어질 거야!"

"이번에도 또 그러면 헤어질 각오해!" 등과 같다.

〈유형 2〉의 이별 대처 방법

이런 경우 정말 상대방이 자신이 원하는 방향으로 가지 않아서 싫은 것이기보다는 자신을 위해, 서로를 위해 조금씩 희생하고 변해가는 모습을 보여 주길 원하는 것이다. 지금보다 더 나은 모습으로 변화되기를 상대방에게 기대하는 바람 때문이다.

〈유형 3〉 예지형-"이럴 거면 우리 그만 헤어져!"

드라마나 영화에서 보면 여자 주인공이 자주 하는 말이다. 이 말은 여자들이 자주 내뱉는 말이었지만, 요즘은 남자들도 사용하는 걸 볼 수 있다. 물론 평균적으로 보자면 아직도 여자가 남자보다는 많이 사용하는 경향이 있다. 이것은 여자가 남자보다 생각이 짧아서가 아니라 조금 더 먼 미래를 함께하려는 마음이 크기 때문이다.

〈유형 3〉의 이별 대처 방법

남자들의 경우는 실수를 저지르고 무조건 손이 발이 되도록 비는 경우가 많다. 이때 여자가 원하는 건 잘못했다고 비는 과정보다는 진지하게 사과를 하고 다시는 그런 일이 없을 것이라는 믿음을 주는 것이다.

〈유형 4〉 무데뽀형-"아무 말도 묻지 마. 우리 그냥 헤어져!"

대부분 작은 다툼을 해도 여자 쪽은 오래전 일까지 끄집어내며 조목조목 자신의 주장을 펼치지만, 남자는 그런 능력이 부족하다. 말은 하고 싶은데 도통 문장으로 엮어 내뱉기가 쉽지 않고 망설인다.

그때 여자친구가 조목조목 따지고 들면 남자는 슬슬 열이 받다가 결국은 폭발을 하며 이별을 통보해 버린다.

〈유형 4〉의 이별 대처 방법

이런 경우 가장 좋은 해결책은 상대방을 향한 '무관심'이다. 왜냐하면 대부분의 경우 헤어지자고 통보를 하고 나서 약간의 후회 또는 연락이 오기를 기다린다. 그래서 이때는 그냥 마음을 내려놓고 기다리면서 자신을 돌아보는 시간을 가진다. 대부분의 경우 며칠이 지나지 않아 "뭐해?"라는 문자가 오거나 찾아오는 경우가 발생한다.

〈유형 5〉권태기형-"이제 너를 봐도 아무 느낌이 없어!"

이런 경우에는 남자와 여자가 받아들이는 의미는 전혀 다르다. 여자의 경우에는 상대방과의 연애 기간 중 어느새 자신이 사랑을 받고 있다는 느낌이 들지 않을 때 슬슬 권태기가 오지만, 남자의 경우에는 여자친구에게서 예전 같은 성적인 매력을 느끼지 못할 때 슬슬 권태기가 온다. 여자친구가 권태기로 고민하고 있다면 남자친구가 서프라이즈나 소소한 이벤트로도 얼마든지 돌아선 여자친구의 마음을 돌릴 수 있지만, 여자친구로부터 성적 매력을 상실한 남자의 권태기는 풀기가 너무 어렵다.

간혹 여자들은 자신에게 성적 매력을 느끼지 못하는 남자친구를 여자를 밝히는(?) 바람둥이로 매도해 버리거나 '무조건 매달리면 돌아오겠지?'라는 생각으로 매달려서 그나마 남아 있던 성적 매력을 더 급격하게 떨어뜨린다.

이런 경우의 해결책은 흔들리지 않는 냉정함을 가지고 정말 이 사람 아니면 안 된다는 생각이 들더라도 냉철하게 다시 자신의 삶을 온전히 살아갈 수 있는 방안을 마련하는 것이 좋다. 그리고 최대한 자신이 받은 상처를 다독거려 주는 내면과의 대화를 하는 시간을 갖도록 하고, 지금과는 다른 내 모습을 만들어 볼 수 있는 경험을 하도록 노력해 본다.

피해야 할 최악의 이별 방법

이별은 어느 누구에게나 아프다. 서로가 이별을 직감하게 되는 순간 이별을 먼저 통보하는 사람도, 이별을 통보 받는 사람도 힘든 건 마찬가지다. 그러나 아무리 그 사람과의 관계가 소원해져 이별을 한다 해도 이별에는 최소한 예의가 있다. 상대방에게 최소한의 매너조차 지키지 않는 최악의 이별은 다음과 같다.

• 어느 날부터 연락이 뜸하다가 갑자기 잠수타기

- 문자로 이별 통보하기
- 나쁜 사람 되기 싫어 제3자를 통한 이별 통보하기
- 환승 또는 다른 사람이 생겼다고 이별 통보하기
- 시간을 갖자는 등의 의미 없는 여지를 남기는 이별 통보하기

여러분은 이별 통보 방법 중 어느 것이 최악이라고 생각하는가?

그 이유는 무엇인가?

자신의 이별 경험 중 최악의 이별은 어떤 것이었는가?

그나마 괜찮은 이별 통보를 하는 방법!

누구나 연애를 하다보면 그 사람이 미워질 때도 있고, 마음이 다른 곳으로 떠나고 싶을 때도 있다. 하지만 이별을 통보할 때도 적절한 타이밍이 중요하다. 사실 아름다운 이별이 있을 수 있다 없다를 따지기 전에 서로에게 상처를 주지 않고 이별하는 방법을 고민해 보는 것도 방법이다. 피할 수 없는 헤어짐이라면, 적어도 상대방에게 최소한의 상처로 이별을 통보하는 방법을 찾아보자.

첫째, 만나서 이별을 통보한다.

만나지도 않고 전화나 잠수를 타는 것은 그동안 사랑했던 사람에 대한 예의도 아니지만, 그 사람을 사랑했던 나 자신에 대한 예의가 아닌 것이다. 상대방을 존중하라는 의미가 아니며, 먼저 나 자신을 존중하라는 의미다. 어차피 서로가 마음이 멀어지면 서로를 떠나기 마련이다. 서로 사랑했던 그 시간을 나 자신에게 소중했던 시간이었다고 생각하자.

둘째, 상대방에게 상처를 주는 타이밍은 피하고 되도록 오전에 사람이 많은 장소에서 하라.

이별을 통보하기에 무슨 오전이고 무슨 사람이 많은 곳이냐는 생각을 할 수도 있겠지만, 일단은 오후는 생각이 많아지며 슬픔이 가중될 수도 있다. 그리고 사람이 많은 곳은 그래도 서로를 배려하고 언성을 높이고 싶어도 참게 된다. 물론 사람들을 의식하지 않는 타입이라면 어쩔 수 없지만……

셋째, 핑계를 대지 말고 논리적으로 납득할 수 있게 하라.

요즘은 심심찮게 스토킹이나 난동을 부리는 뉴스를 접할 때가 있다. 이별을 통보할 때 상대방이 납득할 수 있는 이유를 말해 주는 것이 서로에게 좋다. 예를 들면, 그동안 서로가 원했던 모습을 말했지만 변하지 않았다는 등의 납득할 만한 이유를 이야기하면 상처를 덜 받고 분노나 원망의 감정을 누그러뜨릴 것이다.

넷째, 지난 기억을 미화하지 말고 차분하게 말을 하라.

이별도 대화이기 때문에 분위기와 흐름이 중요하다. 누구나 이별을 받아들이기 전에는 화가 나고 스트레스를 받고 분노가 치밀어 오를 수도 있다. 그러나 그럴수록 마음을 차분하게 가라앉히고 항상 내 마음 안에 있는 생각들을 상대방에게 전달하는 것이다.

다섯째, 이별 준비 기간을 가진다.

연애를 한 이후에는 뜨겁게 사랑했던 만큼 아픈 이별도 찾아온다. 이별한 이후 매달려도 보고, 밤새 울기도 하고, 다른 이성을 만나보기도 한다. 많은 사람은 이렇듯 이별을 외면한 채 슬퍼하거나 반대로 아무렇지 않은 척한다. 그러나 이별이 알려 주는 것을 배우지 않고 제대로 이별하지 않는다면, 다음 사랑도 똑같이 아픈 이별을 맞이할 수 있다.

죽도록 사랑하던 사람과도 이별할 순간이 다가오는 경우도 있다. 그러나 여기서 헤어지는 것과 제대로 헤어지는 것은 다르다. 상대방에게 이별을 고할 때도 제대로 헤어져야 그 다음 사랑을 더 예쁘게, 더 건강하게 할 수 있다. 더 좋은 사랑을 더 아름답게 하려면 제대로 이별해야 한다.

잘 헤어지는 법

- 자기 생각을 미리 정리한다.
- 직접 만나 대화를 통해 해결한다.
- 쓸데없는 이야기는 하지 않는다.
- 연인의 입에서 이별을 말할 때까지 기다리지 않는다.
- 이별 전후 상대방의 주변 사람들도 신경 쓴다.
- 의연하게 이별한다.
- 술기운을 빌리지 않는다.
- 잠수 이별은 금물이다!

아름다운 이별은 과연 존재할까?

이별은 누구에게나 큰 아픔이다. 사랑했던 연인들의 이별 상황이나 이유는 각기 다르지만 가장 중요한 핵심은 이별의 순간 앞에서 상대방을 향한 미움을 담은 저주의 말은 하지 말아야 한다. 그 이유는 그 사람과 사랑했던 추억의 시간들을 모두 부정하는 것은 자신에게 더 큰 상처를 남길 수 있기 때문이다. 또한 그 사람을 사랑했던 나 자신에 대한 최소한의 배려이기도 하다.

2. 매너 있게 이별 통보하는 방법

이별은 언제나 어려운 법이다. 그렇지 않다고 생각하는 사람도 많지만, 이별을 통보하는 입장일 때도 차일 때와 마찬가지로 감정적인 스트레스를 많이 받는다. 이별을 해야겠다고 결심하기 전에 왜 이별하고자 하는지에 대한 이유를 잘 점검해 보아야 한다. 점검 후에도 이별을 해야겠다는 결심이 섰다면, 이제 곧 옛 애인이 될 사람이 한때 당신이 사랑했던 사람이라는 것을 기억하는 것이 중요하다. 못되게 굴지 않고 솔직하게 대하며, 상대방에게 헛된 희망을 주지 않고 연민의 태도를 유지한다. 약간의 전략과 사려 깊은 마음을 가지고 감정적인 상처를 최소화하는 방향으로 이별해 보자. 이별로 인해 당신도 상처받을 수 있으니 주의하는 것도 잊지 않는다.

이별을 위한 준비하기

진정 이별을 원한다면, 관계 속 어떤 이유로 인해 불행함을 느끼며, 이별을 결심하고자 하는지, 절대 극복할 수 없는 문제들이 어떤 것들인지 목록을 만들어 보자.

머리가 맑을 때 이별 결심을 내려 보기

상대방과의 이별을 결심하고 나면 애인에게 이별 소식이 전해질 수도 있으니, 친한 친구들을 포함한 여러 사람들에게 이별 사실에 대해 이야기하지 않도록 하자. 친한 친구들이나 가족에게 이별에 대한 조언을 구하는 것은 괜찮지만, 이별을 결심하고 나면 상대방에게 가장 먼저 이별을 선고하는 것이 분별력 있는 행동이다.

시간과 장소를 현명하게 선택하기

상대방이 가장 좋아하는 장소에서 이별하지 않는다. 당신과 상대방 모두에게 큰 의미가 없는 중립적인 장소를 선택하도록 한다. 당신이 비교적 감정적으로 안정적일 시각을 선정한다. 또한 직장에서 스트레스를 가득 주는 회의를 준비하느라 잠을 제대로 자지 못한 날 등을 이별 선고의 날로 선택하지 않는다.

직접 얼굴을 보고 이별을 선고하도록 하기(대부분의 상황에 해당)

그러나 장거리 연애 중이라서 서로 오랫동안 보지 못하는 상황이거나, 통제가 심하거나 학대하는 사람일 경우에 전화상의 이별도 용인될 수 있다. 애인이 격노하거나, 폭력을 휘두르거나 당신을 통제하려고 한다면, 거리를 두고 이별을 통보하는 것이 당신에게 더 안전할 수 있다.

잔혹하게 굴지 않고 솔직한 자세를 취하기

이별 중 가장 받아들이기 어려운 부분이 바로 상대방의 잘못이어서가 아니라 상대를 더 이상 사랑하지 않는 자신의 모습을 발견했을 때다. 이럴 경우 최대한 부드럽게 솔직한 감정에 대해 털어놓는다. 주된 이유를 털어놓고 나면 상대방이 혼란스러움을 느끼지 않는 이상 세부 사항에 대해 자세히 이야기하지 않아도 되고, 오래된 논쟁거리를 되풀이하지 않아도 된다. 서로에게 상처만 되는 예전 문제를 다시 끄집어내지 않도록 하자.

이별 후 일상생활하기

이별 후에 자신의 삶을 재평가해 볼 수 있는 시간을 갖고, 미래의 행복을 위해 어떤 것들을 할 수 있을지 생각해 보자. 1~2주일 동안 울거나, 일기를 써 보거나, 침대에만 누워 있고 싶은 느낌이 들더라도 괜찮다. 하지만 1~2주일 이상의 시간이 지나면 세상 밖으로 나와야 할 준비를 천천히 해 보자. 누군가가 필요할 때 친구들과 함께하면 도움이 될 수 있다. 하지만 이별 직후 클럽에 가서 술을 과하게 마신다고 해서 기분 전환에 그리 도움이 되지는 않을 것이다.

3. 이별 이후 상처 치유법

"교수님! 제가 뭘 잘못한 거죠?"

"제가 그때 그 말을 하지 말았어야 했는데, 다시 되돌리고 싶어요. 제 실수예요."

○○는 계속 자신을 탓하고 자신을 책망하였다. 이별 앞에서 공통적으로 보이는 반응이다.

아름다운 이별은 어떤 이별일까? 현명하고 바람직한 이별은 적절한 애도 과정을 거치는 것이다. 즉, 슬픔의 장면을 피하지 않고 정면으로 직면하는 것이다. 여기서 애도란 사랑하는 사람을 잃어버린 후 분노와 우울과 혼란 등의 감정을 극복하고 마음의 평정을 회복하는 과정을 가리킨다.

애도의 과정은 다음과 같은 세 단계를 거친다.

첫째, 수용하는 단계이다. 현재의 상황을 이해하고 이별을 인정한다.

둘째, 애도를 수행한다. 헤어진 연인에 대한 애착과 동일시를 철회한다.

셋째, 새로운 관계를 형성하는 것이다. 일상으로 회복하기 위해 노력하면서 나의 자존감을 높일 수 있도록 행동한다.

간혹 애도 과정을 거치지 않을 경우 자신의 억압된 정서와 해결되지 않는 감정들로 인해 일상생활이 어렵거나 대인관계에서 어려움이 장애로 작용한다.

볼비(Bowlby)는 정상적인 애도를 다음의 4단계로 설명하였다.

첫째, 충격을 받고 무감각해지는 단계다. 너무나 사랑하는 사람이 떠났다는 사실을 받아들이기 어렵거나 모든 감각이 멍해져서 넋을 놓고 지내기도 한다. 예정되어 있던 것이라면 그냥 지나가기도 한다.

둘째, 사랑하는 사람을 보고 싶고 되찾고 싶어서 찾아 헤매는 단계다. 그 사람과 친분이 있던 사람을 찾거나, 그 사람을 생각하면서 밤을 새우기도 하고 좌절감, 분노, 슬픔을 느낀다.

셋째, 현실로 받아들이면서 우울, 절망감을 느끼는 단계다. 이별로 인해 우울, 불면, 식욕저하를 겪을 수 있다.

넷째, 자신의 일상생활을 조금씩 회복하면서 자신을 추스르는 단계다. 사랑하는 사람과의 추억을 떠올리면 슬프기도 하지만 함께했던 기쁨과 행복했던 감정들도 통합된다.

사랑했던 사람이 나를 떠난다는 것은 너무나 힘든 시간의 연속이다. 이별로 인해 마음이 아프지 않은 사람은 없을 것이다. 만약 이별하고도 아프지 않다면 그 사랑이 진정한 사랑이 아니었을 수도 있다.

또 다른 사랑이 찾아오다,
인연

05. 연애 잘하는 꿀팁

1. 모태솔로 탈출법

2. 매력적인 사람이 되는 법

3. 권태기 없이 질리지 않고 오래 연애하는 법

4. 또 다른 연애의 시작, 곰신과 꽃신

5. 새로운 사랑을 시작하기 두려운 사람들에게

05

연애 잘하는 꿀팁

1. 모태솔로 탈출법

군대를 전역하고 학교를 찾아온 ○○가 말했다.

"교수님! 전 이번 생애엔 틀렸나 봐요."
'뭐라고 답을 해 줄까?'라는 생각을 아주 잠깐 하고 있는데, ○○가
다시 말을 이었다.
"저에게 문제가 있는 걸까요?"

'모태솔로'라는 단어의 의미는 태어나서 단 한 번도 이성과 연애를
해 본 경험이 없는 젊은 남녀를 부르는 말이다. 온라인에서는 이들
을 가리켜 어머니 뱃속에서 나와 세상을 알아 가면서 한 번도 이성
과 서로 만난 적이 없거나 결혼을 하지 못한 이들을 부르는 말로 줄
여서 '모솔'이라고도 한다.

물론 이 모태솔로라는 말은 자의든 타의든 자발적이든 비자발적
이든 태어난 이후로 연애 경험이 전혀 없는 사람을 일컫는다.

모태솔로들의 특징을 살펴보면 대부분 연애에 관심도 있고 흥미도 못 느끼며 환경적 요인이나 짝사랑 혹은 사랑했던 사람에게 고백을 하였지만 실패한 경험 등이 많다.

모태솔로의 환경적 요인은 조금씩 다르지만, 남자의 경우를 예로 들면 초등학교 당시에는 이성에 관심이 없었고, 초등학교를 졸업하고 난 이후 남중을 다니고 또 이어 남고를 졸업하고, 게다가 공교롭게도 공대 코스를 거치는 경우가 많다. 정말 안타까운 일이 아닐 수 없다.

모태솔로를 크게 3가지로 분류하면 다음과 같다.

첫째, 인간관계를 원만하게 하지 못하거나 사회생활을 잘하지 못하는 경우다. 둘째, 동성과는 인간관계도 좋고 사회생활도 잘 하지만 이유 없이 유독 연애를 못 하는 경우다. 이런 경우는 대체로 외적인 매력이 떨어지는 부류가 이에 속한다. 셋째, 도통 연애에 관심이 없는 사람일 경우다.

이대로 하면 정말 모태솔로 탈출?

몇 년 전부터 혼밥, 혼술, 혼영 등 차라리 혼자가 편하다는 사람들이 늘어나기도 하였지만, 많은 사람이 모태솔로보다는 사랑하는 사람과의 연애를 꿈꾼다.

대부분은 자신이 모태솔로가 될 줄 몰랐다거나 모태솔로를 탈출하고 싶은 마음은 굴뚝같다는 이야기를 한다. 마음이 비록 조급하겠지만 모태솔로를 탈출하기 위해서 절대 조급해할 필요는 없다. 오히려 모태솔로로 살고 있기 때문에 현재 자신의 삶이 훨씬 자신이 원하는 방향으로 가고 있다는 생각이 들 만큼의 삶을 살아가는 자세가 필요하다. 그리고 역으로 아직 자신의 천생연분을 못 만나서 아직 모태솔로를 탈출하지 못했을 거라는 생각을 하는 것이 정신건강에 좋다.

물론 남자든 여자든 어느 시기가 되면 누군가에게 끌리고 설레는 마음을 통해 그 사람과 사랑에 빠지면서 알콩달콩 사랑을 이어 나가는 경우가 대부분이다. 하지만 분명 20대 중반이 넘어서까지 모태솔로인 사람들 또한 많이 존재한다. 그러나 모태솔로인 이유가 '나은 애인을 사귀고 싶은데 도저히 사람이 나타나지 않는다.'는 부류가 아니라 '그냥, 연애 자체에 나는 관심이 없다.'는 태도를 가진 사람들도 많다. 이처럼 요즘은 선택형 모태솔로라 하여 스스로 모태솔로의 길을 걸어가는 경우도 있다.

다음은 모태솔로를 탈출하기 위한 몇 가지 방법이다. 만약 자신이 오랫동안 모태솔로로 지내다가 이제라도 모태솔로를 탈출하고 싶다면 한번쯤 생각해 보는 시간을 갖는 것은 어떨까?

일단 너무 조바심을 내지 말고 마음을 비워라.

주변 커플이나 지나가는 연인들을 바라보면 모두가 행복해 보이지만 모두 행복한 것은 아니다. 역으로, '솔직히 데이트 비용도 만만찮고 연인들도 타인이 안 보이는 곳에서는 엄청 싸운다.'라고 생각하며 마음을 편안하게 가지고 스스로를 다독거릴 필요가 있다.

나만 불행하다는 생각을 버려라(연인에게 모두 행복한 일만 있는 것은 아니다).

솔로라도 행복하고 편하다는 사람들도 많고, 자신이 솔로이기에 할 수 있는 것들을 최대한 많이 찾고 자신에게 시간과 돈을 투자하는 과정도 필요하다. 차라리 그런 시간을 갖는 것이 언젠가 나에게 찾아올 연인을 멋지게 맞이할 수 있는 나를 만드는 최고의 방법일지도 모른다.

나 자신의 외모를 멋지게 가꾸자.

누구나 모태솔로에서 탈출하고 싶다는 마음은 있다. 자신의 이미지에 맞는 콘셉트의 옷과 스타일을 바꿔 보는 변화를 시도해 보는 것이다. 나에게 잘 맞는 헤어스타일로 과감하게 변신을 해 보면서 나만의 매력을 어필한다.

인간관계를 점검하고 이성친구를 만날 기회를 만들어라.

환경적으로 이성을 만날 기회가 없었다면 부지런히 이성을 만날 수 있는 동아리나 동호회를 가입하는 노력이 필요하다. 집안에만 웅크려 있지 말고 밖으로 나가서 다른 사람들과 함께 활동할 수 있는 반경을 넓혀 가야 한다.

마음에 드는 사람이 나타나면 그 사람에게 필요한 것이 무엇인지 관찰하라.

무엇보다 마음에 드는 사람이 있다면 관심을 가지고 상대방이 무엇을 좋아하는지 무엇을 원하는지 탐색하는 과정이 중요하다. 그리고 나 자신에게 초점을 맞추는 시간을 줄이고 상대방에게 초점을 맞추면서 친밀한 관계가 되도록 시간과 돈 그리고 마음까지 투자해야 한다.

타이밍을 놓치지 말라.

모든 것은 타이밍이 중요하다. 아무리 상대방이 나에게 관심이 있어도 고백할 타이밍을 놓치면 그 기회는 한꺼번에 사라진다. 물론 상대방이 먼저 고백해 온다면 좋겠지만 말이다. 고백을 하기 위한 연습도 필요하고, 고백을 받았을 때 어떻게 행동해야 하는지에 관한 연습도 필요하다. 친구가 연인이 될 수도 있기 때문에 고백의 타이밍을 잘 보고 기회가 오면 잡아라.

고백은 '심쿵'하게, 때로는 '정중'하게 하라.

영화나 드라마에서 사랑하는 사람에게 멋지게 고백하는 장면들을 접한다. 대부분 돈을 많이 들여 프러포즈를 하기도 하고 이벤트로 상대방을 감동시키기도 한다. 그러나 항상 나만의 매력을 어필하고 기억에 남을 수 있는 고백이 중요하다. 따라서 그 사람과 나만이 함께 기억할 수 있는 장면을 만들어라.

2. 매력적인 사람이 되는 법

영국 일간지 『텔레그래프(Telegraph)』에서는 미국의 한 연구팀이 대학생 250명을 대상으로 "어떤 성격(특성)의 배우자를 원하는가?"에 대한 조사 결과를 발표하였다. 결과는, 첫째, '유머 감각 있는 사람', 둘째, '놀기 좋아하는 사람', 셋째, '장난기 많은 사람' 등이 상위권을 차지하였다. 그리고 이 연구팀은 조사 대상자들에게 총 16개의 성격 유형을 보여 준 뒤 자신이 원하는 배우자의 유형을 고르도록 하였다. 남성들은 '유머 감각'을 1위로 꼽았으며, '놀기 좋아함'이 3위, '장난기 많음'이 5위로 조사됐다. 남성이 원하는 배우자의 특성 중 '육체적 매력'은 9위에 그쳤다. 여성들도 '유머 감각' '놀기 좋아함' '장난기 많음' 등을 각각 2~4위로 꼽아 눈길을 끌었다.

이 연구를 진행한 펜실베이니아 주립대학 개리 칙 교수는 "이번 연구 결과는 성인들의 장난기가 짝짓기를 위한 행동이라는 것을 입증한다."며 "새들이 짝을 찾기 위해 화려한 깃털이나 색깔을 내보이는 것처럼, 잘 노는 성격도 젊음이나 생식능력을 암시하는 신호"라고 주장했다.

정말 그런 것일까? 결혼정보회사 듀오에서 "외모보다 더 중요한 이성의 매력은 무엇인가?"라는 조사를 실시하였다. 조사 결과, 남성의 75.3%, 여성의 82.3%가 '외모가 못생긴 사람이 예뻐(잘생겨) 보였던 적이 있다'고 답했다. 이 결과는 남녀가 생각하는 이성의 매력은 외모가 전부가 아님을 의미한다.

연애와 도박의 심리는 같다는 말을 종종 들어 본 적이 있을 것이다. 심리학자들의 연구 결과, 사람들은 스스로의 결점을 남들보다 더 깐깐하게 보는 경향이 있지만 전문가들은 본인 스스로 자신의 적이 되는 것만큼 어리석은 일이 없다고 말한다. 미국 센트럴 플로리다 대학 심리학과 스테이시 던 교수는 "거울을 보면서 결점을 찾거나 못생겼다는 판단을 하기보다는 장점을 찾고, 긍정적으로 생각하는 데 집중하라."고 조언하였다.

매력적인 사람에 대한 기준은 사람마다 다르고, 자신이 처한 환경과 성장 과정, 그리고 그 사람의 특성에 따라 차이가 있다. 그러나 매력적인 사람들의 공통적인 부분은 특별한 점이 없어도 항상 좋은 사람들이 곁에 있고 사람들과 잘 어울린다는 것이다.

이어서 말하자면, 무엇에 매력을 느끼는지는 정해져 있지 않다. 외모, 재산, 학벌, 긍정적인 성격, 적극적인 반응, 착한 성격, 같이 공유하고 있는 것 중에서 하나일 수도 있지만 복합적이기도 하다.

2002년 노벨 경제학상을 수상한 심리학자 대니얼 카너먼(Daniel

Kahneman)은 "성공을 좌우하는 가장 결정적인 조건은 지능이나 학벌, 운이 아니라 매력"이라고 말했다. 이 말은 매력 있는 사람이 사회에서 성공할 확률이 크다는 것을 의미한다.

대니얼 카너먼

매력적인 말하기 – 도치법으로 말하기

나는 결심했다.

나는 사라져야 했다.

더 살고 싶어지기 전에

더 행복해지기 전에

너를 위해 내가 해야 되는 선택

이생을 끝내는 것

–드라마 〈도깨비〉 중에서 –

오래전 드라마 〈도깨비〉에서 김신의 대사 중 일부다. 이 표현을 가만히 들여다보면 "내가 더 살고 싶어지기 전에, 더 행복해지기 전에 너를 위해 사라져야겠다고 결심했다." 이 문장을 두괄식으로 표현하면 "나는 결심했다. 나는 사라져야 했다." "더 살고 싶어지기 전에, 더 행복해지기 전에"이다. 두 문장을 비교하면 어떤 느낌을 받는가? 듣는 이(청자)로 하여금 두괄식을 훨씬 더 애틋한 감정으로 느끼게 한다. 사실 별거 아니라고 생각할 수도 있지만, 상대방에게 강한 인상을 줄 수 있다.

예를 들면, "민주야! 이번 주 토요일에 혹시 시간 돼? 나랑 영화 보러 갈래?"라고 해 보자. 사실 이 말은 민주(청자)의 입장에서 충분히 예상 가능한 질문이다. 만약 민주의 입장에서 상대방이 관심 밖 이성이라면 이미 거절할 준비를 하게 된다. 이런 경우 대부분 "나 이번 주 약속이 있는데."라고 거절할 것이다. 이때 순서를 바꿔 도치법으로 이야기를 해 보자. '영화 보자. 민주야.' 약간 당황스럽기도 하지만 그게 어떤 영화인지, 언제인지 일단 궁금증을 유발할 것이다. 그러면 대부분 "언제? 무슨 영화?"라는 질문을 던질 것이다. 이때 그 이후 대화를 이어 가면서 나만의 매력을 어필하는 것이다.

도치법은 두괄식으로 말하기(중요한 내용은 앞에서 먼저 던지고 그 다음 중요하지 않은 이야기는 뒤로 보내 말하는 것)는 것이다. 이 도치법은 두 가지 효과를 얻는다. 첫째, 상대방이 내 이야기를 들도록 나에게 '집중'하게 하고, 둘째, 내 이야기에 '예외성'이 생기게 된다.

3. 권태기 없이 질리지 않고 오래 연애하는 법

모든 연인의 적, 권태기

어느 연인에게나 연애의 시작 단계에서는 모든 것이 새롭고 사랑스럽고 즐겁고 서로를 기분 좋게 만들어 준다. 그러나 시간이 지나면서 그렇게 즐겁기만 하고 행복할 것만 같던 관계가 점점 지루해지고, 때로는 지친다. 대부분의 커플들은 연애 초반에는 그렇지 않다가 연애가 길어지고 연락이 뜸하면 직감적으로 '이 사람이 변했나? 애정이 식었나?' 등등 여러 생각에 불안해하기도 하고, 시간이 지날수록 권태기를 의심하게 된다.

'권태'는 어떤 일이나 행동 관습에 질려 의욕을 상실하거나 거부감이 드는 감정을 말하고, 권태기란 설레던 감정이 무감각해지거나 내 연인이 못나 보이거나 초반에 느끼지 못했던 부정적 감정들이 자주 생기는 기간을 말한다. 권태기는 사람마다 다르고, 거의 모든 연인이 겪지만 이러한 권태기에 접어든다고 해서 모든 커플이 이별까지 가지는 않는다.

스토니브룩 뉴욕 주립대학 사회심리학자 아이린 스팔라스(Irene Tsapelas)가 2009년에 발표한 연구에 따르면, 관계에서의 지루함, 일명 '권태기'를 무시하면 안 되며, "현재 권태감을 느끼고 있는 부부나 연인은 9년 후에도 관계 만족도 저하를 경험할 확률이 크다."라고 발표하였다. 또한 연구진은 이러한 권태감은 관계가 "특별한 관심이 필요하다는 빨간 불"이라고 하였다.

권태감을 불러오는 원인은 커플마다 조금씩 다르다. 연구진은 권태감의 원인을 '새로움의 부족' 또는 '자극의 부족' 등 두 가지로 분류하였다. 그리고 무엇보다 누구에게나 올 수 있는 "권태감의 원인을 파악하는 것이 중요하다."라고 하며, 오히려 이 권태감의 이유에 대해서 이해하는 것이 권태기가 오는 것을 예방하고, 관계를 더 흥미롭게 만드는 데 도움이 된다고 하였다.

권태기가 나타나는 시기는 대략 연애 시작 평균 1년 5개월 만에 오는 경우가 대부분이며, 지속 기간은 약 3개월이다. 권태기는 누구에게나, 어떤 연애에서나 찾아오지만, 권태기가 왔을 때 연애를 그만둘지 권태기를 극복할지는 각자의 선택과 노력에 달려 있다. 하지만 만약 상대방에 대한 미련이 남아 있거나 조금이라도 사랑하는 마음이 있다면 충분한 노력 없이 쉽게 포기했던 연애는 큰 후회로 남기에 자신이 할 수 있는 만큼 노력도 필요하다.

4. 또 다른 연애의 시작, 곰신과 꽃신

"교수님! 저 꽃신 신으려면 7개월 남았는데 조금 고민이 돼요."

"무슨 고민?"

"사실 연락도 자주 하는데, 왠지 모르게 떨어져 있으니 제대하고 나면 군대 가기 전의 그 설렘이 다시 올까라는 생각도 들고, 약간 싫증이 나기도 하고, 남친도 비슷한 것 같기도 하고요. 그리고 무엇보다 전역할 때까지 저의 이 마음이 변하지 않으리라는 확신이 안 들어요."

사실 예전에는 남자친구가 군대를 가면 당연히 여자친구가 기다려 주는 경우가 많았다. 그러나 요즘에는 남자친구들이 제대하기 전에 먼저 이별을 통보하는 경우가 많다고 한다. 그 이유가 뭘까?

대한민국의 20대 남자라면 짊어져야만 하는 과제, 그 이름 바로 국방의 의무! 개강 즈음 군 휴학을 하는 남학생들의 얼굴에는 만감이 교차하고 CC였던 친구들은 곰신 채비를 한다. 이 시기에 많은 커플이 이별을 경험한다.

곰신에서 꽃신이 되기까지 이 여정을 잘 걸어갈 수 있을까? '곰신'은 군 입대를 한 연인을 기다리는 말로서 고무신의 줄임말이다. 곰신의 유래는 고무신을 거꾸로 신고 걸으면 방향이 다르게 보여서 한눈을 팔고 다른 곳으로 가는 것처럼 보이기 때문에 '고무신을 거꾸로 신는다.'라고 표현되었다. 그리고 고무신의 신축성이 좋아서 마음먹은 대로 방향을 틀 수 있어서 그렇게 표현되었다고도 한다.

꽃신은 연인이 제대 후 하얗고 약간은 허전해 보이는 고무신보다는 제대할 때까지 자신을 기다려 줘서 고맙다는 의미로 더 잘해 주겠다는 의미로 '꽃신 신겨 줄게.'라는 의미에서 유래하였다. 그러나 어느새 남학생들은 기다려 준 여자친구가 부담스러운 존재가 되기도 하고, 의무감에 서로 잡혀 꿋꿋이 곰신에서 꽃신이 되는 커플이 있는가 하면, 곰신에서 꽃신이 되었지만 결국 그 다음 해에 헤어지는 커플도 있다. 흔히 '훈말이초(훈련병 말~이병 초)' '일말상초(일병 말~상병 초)' 시기를 잘 지나면 된다고 하였지만, 딱히 그런 것도 아닌 것 같다.

들어는 보았는가? '예비 곰신 필독사항' 많은 연인이 헤어짐 앞에서 자유로울 수 없고, 특히 군대라는 특수성은 연인들의 마음을 더 아리게 한다. 다음은 곰신들이 알아두면 좋을 필독사항이다.

- 남자친구의 군대를 제대할 때까지 기다릴 자신이 없다면 늦기 전에 이별을 고려하는 것이 필요하다.
- 남자들이 훈련소에서 가장 큰 자존심의 우선순위는 여자친구의 편지다! 물론 이제는 휴대폰을 늘 휴대하기 때문에 '편지가 웬 말이야?' 싶겠지만, 아직도 편지는 훈련소에서 어깨에 힘을 주기 딱 좋은 것이다. 남자친구가 보고 싶을 때마다 써서 보내라.
- 군대 간 남자친구가 보고 싶다고 매일 눈물로 시간을 허비한다는 것은 자신을 위해서도 매우 마이너스다. 울면서 시간 낭비하지 말고 하루 빨리 자신의 생활을 일상화시키고, 어차피 남자친구가 군대에 입대했다면 특별한 연애 경험이라 생각하자.

사실 요즘은 그래도 휴대폰을 자유롭게 사용할 수 있어서 좋은 점으로 작용하기도 하지만, 이별을 고민하는 커플의 경우에는 살짝 걸림돌로 작용하기도 한다. 애써 전화를 피하고 싶은데 그렇지도 못한 상황이 되기 때문이다.

입대한 지 1년쯤 지난 남학생이 휴가를 받고 연락을 해 왔다.

"교수님! 저 휴가 나왔는데 혹시 만나 뵐 수 있나요?"

"오, 당연하지. 근데 휴가 나와서 바쁠 텐데, 나까지 만나 주고 이거 영광인데? 하하!"

내심 '무슨 일이 있구나.'라는 예감이 들었지만, 찾아온다는 ○○의 부탁을 흔쾌히 받아들였고 군 생활을 건강하게 잘하는지도 궁금했다.

30분 정도 시간이 지나고 찾아온 ○○는 늠름한 모습에 딱 멋진 군인이 되어 있었다.

"그동안 잘 지내셨나요?"

"그래. 고생이 많지? 많이 늠름해졌네."

"눈치 채셨죠?"

"무슨? 아, 네 마음? 조금은……."

"사실 여자친구랑 살짝 고민이 되어서요. 곰신으로 저를 기다려 주고 있지만 제대할 때쯤 되면 제가 사실 계속 만나는 게 맞는지 하는 마음도 커서요."

"딱히 이별하려는 핵심 감정은 무엇인지 질문해도 될까?"

"사실 설렘이 사라졌어요. 물론 자주 못 보니 그런가 했는데, 입대 전 살짝 고민되었거든요. 근데 시간이 흘러버려서……."

○○는 오랜 연인의 고마운 마음은 마음속 깊이 가지고 있는 것 같았다. 사실 두 사람 사이를 처음부터 알고 있었던 터라 쉽게 답변을 주

기가 쉽지 않았다.

몸이 멀어지면 마음도 멀어진다…….

아직도 대학생활에서 CC들이 가장 불안해하는 것은 남자친구의 군입대 문제다. 남자친구를 군대로 보낸 여학생들의 대부분은 꽃신을 신을 그날을 기다린다. 물론 군 생활 중간 중간 서로에 대한 그리움으로 군 생활을 마무리하기도 하지만, 간혹 두 사람이 이별을 하게 되면 서로에게 고통이 따르기 마련이다. 예전에는 군 생활이 3년 가까이 되다보니 여학생들이 고무신을 거꾸로 신는 경우가 많거나 이때 군인들의 탈영 소식이 뉴스로도 자주 전해졌었다. 그러나 요즘은 휴대폰 소지도 가능하고 군 생활도 짧아지다보니 예전에 비해 이런 뉴스보다는 기다린 여자친구가 부담스러워 남자 쪽에서 헤어지는 경우가 늘어나고 있다. 곰신이든 꽃신이든 서로가 인연으로 이어진다면 기다려 주는 그 시간도 서로의 인생에 있어 좋은 추억이 될 수 있도록 잘 만들어 가는 것이 중요하다.

5. 새로운 사랑을 시작하기 두려운 사람들에게

"교수님! 저에게 이젠 사랑에 대한 자신감도 사라졌고, 이젠 사람을 만난다는 것이 두렵고 무서워요"

3년 6개월을 사귀고 아픈 이별을 한 ○○는 나에게 이런 말을 꺼냈다. 이제 20대인데, 한참 많은 친구를 만나고 많은 사랑을 하고 많은 사람들과의 인간관계를 통해 세상을 살아가는 안목을 가져야 할 나이인데…… 많이 아쉬웠다.

누구에게나 사랑도 찾아오고 이별도 찾아온다. 그러나 유독 아픈 이별로 오랫동안 아파하는 사람들에게는 이별은 큰 상처가 되어 마음에 오래 남는다. 이런 경험으로 인해 또 다시 이런 아픔을 겪는 것을 두려워한다. 그리고 더 이상 가슴 아픈 이별을 겪고 싶지 않기에 그 무언가와도 이별하고 싶지 않기에 또 다른 사랑을 시작하는 것조차 포기해 버린다. 그 이유는 커플마다 다르지만 크게는 다음과 같다.

첫째, "또 다른 사람과의 헤어짐을 내가 감당할 수 있을까?"
사랑했던 사람들은 함께 했던 시간만큼 더 이상 그 사람과 함께 하지 못한다는 사실이 견디기 힘들고 당연히 곁에 있어야 할 연인이 없다는 불안함이 너무나 크게 다가와 이별을 두려워한다. 즉, 그 이별이 아팠기 때문에 그 아픔을 두 번 다시 겪고 싶지 않은 것이다.
둘째, "이 사람보다 더 좋은 사람이 있을까?"
사랑했던 그 사람의 좋은 점을 알고 있기에 더욱 놓치고 싶지 않은 마음이 크고, 또 그러한 그 사람의 좋은 점 때문에 사랑하게 되었기에 그 사랑을 내 마음 안에서 놓지 못하는 이유가 되기도 한다. 이런 경우에는 새로운 사랑을 시작하는 일조차 불안함과 두려움을 갖게 된다.

"다시 사랑할 수 있을까요?" 이 질문에 나는 무슨 대답을 해 줘야 할지 많은 생각이 들었다. 사랑했던 사람과의 이별은 그 사랑에 대한 추억들을 다시 소환한다. 물론 이별을 경험한 대부분의 사람들은 여러 이유로 새로운 사랑을 시작하기를 두려워한다. 상대방이 바람을 피웠다거나, 환승이별이거나, 배신을 했다거나 아니면 끝이 좋지 않았던 이별 등을 경험한 경우에 더욱 그러하다.

사랑하는 연인들이 이별을 하는 동안 감정을 소모하게 되고, 결국에는 상대방에 대한 불신과 함께 또 다른 사랑이 찾아오더라도 마음의 문을 닫아 버린다. 그러나 아픔을 추스르고 또 다른 사랑을 맞이하기 위해서는 다음과 같은 과정이 반드시 필요하다.

사랑했던 사람과 헤어지면 대부분의 사람들이 상처를 받게 된다. 상대에 대한 분노일 수도, 자기 자신에 대한 실망일 수도, 혹은 헤어지는 과정에서 남게 된 못된 말들이나 슬픈 장면일 수도 있다. 하지만 종종 '보통' 이상으로 과격한 이별을 겪는 사람들이 있다. 헤어지면서 돌변한 연인이 폭력적인 언행을 보이는 경우도 있고, 헤어진 후에 주변 사람들과의 관계가 어그러지거나, 험담을 듣게 되는 경우도 있다. 이렇듯 이별 때문에 받은 상처들을 아직 소화하지 못한 상태라면, 급하게 연애를 시작하지 않는 게 좋다. 다른 사람을 만나게 되면 아물지 않은 마음의 상처가 다시 덧날 수 있는데, 새로운 연인은 과거에 어떤 일이 있었는지 모르기 때문에 적절한 대응을 해 줄 수 없기 때문이다. 그럴 때는 주변의 가까운 사람들에게 좋은 애정에너지를 얻으며 자신의 마음을 회복하는 게 먼저다. 사람에 대한 믿음을 회복하면, 점차 연애에 대한 마음도 열릴 것이다. 급하게 생각하지 말아야 한다.

진짜 인연을 찾을 수 없었다면 잘못된 인연을 만나 서로 고생하는 것보다 혼자 사는 것이 낫다. 그러나 가장 좋은 것은 역시 평생 함께 할 좋은 인연을 만나 서로 힘들 땐 서로에게 위로가 되고, 서로 기쁠 땐 그 기쁨을 함께하는 것이다.

그러니 새로운 사랑을 시작하기 두렵다고 떨지 마라. 새로운 사랑에 대한 두려움은 한 번쯤 사랑을 해 본 사람이라면 누구나 겪는 일이다. 그러나 그 두려움을 극복하느냐, 극복하지 못하느냐는 전적으로 본인에게 달려 있다.

'감정표현 불능증' 들어보셨나요?

신체나 정신적으로 장애, 중독, 외상을 경험한 사람들에게서 나타나는 인지 · 정서장애를 '감정표현 불능증'이라고 한다. 이 감정표현 불능증은 심리학자 피터 시프너스와 존 느마이어가 1970년도에 처음으로 소개한 개념이다. 이후 1976년 심리학 저널에 등장한 감정표현 불능증을 우울증과 다양한 정신건강뿐만 아니라 고혈압, 편두통, 심각한 이명, 통증 조절 실패, 불면증, 식이 장애와 약물 중독을 포함한 많은 건강 문제와 연결 짓게 된다고 하였다. 특히 감정표현 불능증에 걸린 사람들은 피로와 통증, 고통 같은 신체 감각을 포함하여 비일상적인 신체 증상을 과도하게 표현하는 경향이 높은 것으로 나타났으며, 이는 내적 감정의 경험을 분명하게 표현하기 어렵기 때문으로 보인다고 보고하였다.

시프너스와 느마이어는 어떤 순간 사람들은 어떤 감정을 느끼고 있는지 인지하지 못한다면 자신의 감정을 표정이나 말로 표현하기 어렵고 이때 나타나는 증상에 'aiexithymia'라는 이름을 붙였다. 'a'는 부정의 접두사이고 'lexi'와 'thym'는 각각 '단어'와 '영혼'을 뜻하는 그리스로서 번역하면 '나의 영혼을 설명할 단어가 없다.'라는 뜻이다. 이는 자신을 표현하지 못한다는 뜻이다. 이런 증상은 많은 경우에 자신의 감정을 탐지하지 못해 몸이 아프게 되는 일명 '신체화 증상'을 동반하기도 한다.

감정표현 불능증의 요인은 크게 세 가지로 나눌 수 있다. 첫째, 자신의 감정을 확인하고 신체감각과 감정을 구분하기 어려우며, 둘째,

자신의 감정을 타인에게 표현하기 어려우며, 셋째 외부 지향적 사고 양식이다.

내가 웃는 게 웃는 게 아니야

또 내가 걷는 게 걷는 게 아니야

너의 기억 그 속에서 난 눈물 흘려 너를 기다릴 뿐

내가 웃는 게 웃는 게 아니야

또 내가 걷는 게 걷는 게 아니야

너의 기억 그 속에서 난 눈물 흘려 너를 기다릴 뿐

-가요 「내가 웃는 게 웃는 게 아니야」 중에서-

몇 년 전 현실 사회의 적나라한 일들 앞에서 이 가사의 의미가 많은 사람의 마음속 깊이 파장을 불러 일으켰다. 이 가사를 살펴보면 감정표현이 얼마나 중요하며 마음과 표현이 어느 상황에서 쉽지 않다는 것을 보여 준다.

사랑하는 연인과의 사이에서

우리는 하루에도 수없이 많은 정보를 접하고 수없이 많은 상황에 직면하게 되고, 수없이 많은 커플들이 사랑에 빠지기도 하고 이별을 경험하기도 한다. 일반적으로 어린 시절 좋지 않은 경험을 하거나 그런 기억이 있으면 사랑에 대한 거부 반응을 나타내거나 사랑에 대한 부정적 감정으로 새로운 사랑에 대한 거부 반응을 보이는 사람들도 있다. 그리고 사랑을 하거나 이별을 할 수밖에 없는 상황이 닥치면 직면을 하지 않거나 회피를 하여 그 장면을 애써 피하고 싶어 하거나 감정표현에 서툴러 서로에게 더 씻지 못하는 아픔을 주고받기도 한다.

물론 사랑을 시작할 때의 감정표현은 모든 연인이 공통적으로 느낌만으로도 서로의 감정을 주고받으며 나누지만, 이별을 앞둔 연인들에게 감정을 상대방에게 쉽게 표현하기란 그 어떤 것보다 어렵다. 특히 이별이 다가오면 그때마다 복합적인 감정이 나타나는데, 이 감정을 억제하지 못하면 감정의 포화 상태에 이르기도 한다.

2019년 많은 사람에게 자주 사용되었던 '감정대리'라는 단어가 요즘 다시 화두로 떠오르고 있으며, 최근에는 자신의 감정을 드러내고 표현하는 것에 어려움을 느끼며 자신의 감정을 대신해 주는 '감정대리인'을 찾는 사람이 늘고 있다. 감정표현에 서툴거나 사람들에게 자신의 속마음을 터놓고 말하지 못하는 현대인들을 쉽게 만나는 요즘 시대를 '감정표현도 대리로 하는 시대'라고 할 수도 있다. 타인들에게 자신의 마음을 드러내고 감정을 표현하는 것에 대해 두려움을 느끼는 감정대리는 감정을 쉽사리 털어놓을 곳도 없는 사람들이 카카오톡이나 메신저를 통해 사용하는 이모티콘의 경우도 일종의 감정대리인인 것이다.

수많은 연구 결과를 보면 일상생활에서 자신의 감정표현을 잘하는 사람은 여러 질환에 덜 걸리고 장수한다고 나타났다. 이 중 서울시가 90세 이상 장수하는 노인 88명을 조사한 결과, 남성 72%, 여성 51.6%가 '평소에 감정표현을 잘한다'라고 답했다. 그리고 일주일에 2회씩 총 8회 웃음치료를 받은 노인이 그렇지 않은 노인에 비해 통증 정도나 수면 장애 발생 비율이 낮다는 연구 결과도 나왔다. 또 다른 연구 결과에 따르면, 평소 분노나 슬픔 같은 부정적인 감정을 잘 표현하지 않는 사람은 두통, 근육통, 소화불량 등을 잘 겪는 것으로 나타났다.

이런 연구 결과를 통해서도 알 수 있듯이, 평소 일상생활에서 자신의 감정을 자연스럽게 상대방에게 표현하는 것이 반드시 필요하다는 것을 알 수 있는 연구 결과이지만, 더 중요한 것은 상황별로 감정표현법을 학습해 두는 것도 필요하다. 예를 들어, 사랑하는 연인과 이별을 하거나 이혼을 경험한 뒤에 자신의 감정을 억제하면 오히려 우울증에 걸릴 수 있다. 물론 명확하게 감정표현 불능증을 해결할 방안은 상황에 따라 조금씩 다르겠지만, 지금까지 자신의 감정을 꾹꾹 누르고 살았다면 이제는 그 감정들에 이름을 붙이며 적절하게 날려 버리는 과정이 반드시 필요하다. 또한 슬플 땐 자신이 좋아하는 음악을 들으며 슬픈 감정의 단어를 떠올리며 눈물을 흘리는 것도 필요한 것이다.

감정표현 자가 테스트

번호	문항	체크
1	나는 대체로 내 생각과 견해를 마음속에 간직하고 있다.	
2	힘들 때 힘들다고 주변 사람들에게 잘 알리지 않는다.	
3	내 기분을 표현해도 상대방이 이해해 줄 것 같지 않다.	
4	슬픈 영화를 봐도 눈물이 잘 나지 않는다.	
5	고마운 일이 생겼을 때 바로 표현하기 어렵다.	
6	화가 나지만, 그 기분을 상대방에게 표현하지 않는다.	
7	어떤 일에 대해 혼자 생각하다가 포기한 적이 많다.	
8	누군가 감정을 표현하면 함께 동조하기 어색하다.	

결과 확인

8개 문항 중 3~4개 이상 선택했다면, 감정을 건강하게 표현하는 방법을 찾아보자. 가까운 사람에게 기분을 표현하거나 오늘 하루 기쁘거나 슬픈 영화를 보며 자신의 감정을 마음껏 분출해 보는 건 어떨까?

"사랑은 새로운 사랑으로 잊는다."라는 말이 있다. 이 말의 의미를 다시 되새겨 보면 사랑했던 연인과 이별을 하고 새로운 사랑을 만나게 되면 과거 그 사람과의 아픈 기억을 서서히 잊는다는 쪽보다, 지금 외롭고 힘든 상황을 벗어나기 위해서 새로운 사람과의 사랑을 통한 또 다른 관계를 형성하는 것이 더 필요하다는 것이다.

철학자 플라톤은 2천 년이라는 긴 시간이 흘렀지만, "우리의 마음은 모두 불완전한 노래를 부른다."라는 말을 하였다. 이 말의 의미는 "우리는 모두 사랑을 찾고 갈구하며 언제나 진정한 사랑을 원하고 그 사랑을 찾고 있다."라는 것이다. 그리고 사랑은 모래알처럼 손가락 사이로 빠져나가 버릴 수도 있기 때문에 사랑은 억지로 강요할 수 없으며 나 자신이 컨트롤할 수도 없다.

그러나 모든 사람이 진정한 사랑을 찾고 싶어 하고, 이별로 아파하는 사람들도 시간이 흐르면 또 다른 사랑을 만나게 된다. 많은 과학자가 사랑에 관한 실험연구들을 통해 인간의 신체와 보이지 않는 감정의 연관성에 관한 결과들을 발표하였다. 그 예로, 사랑에 빠져 있는 사람과 그렇지 않은 사람은 뇌에서부터 서로 다른 모습을 보이며, 특히 사랑을 하는 사람의 미상핵 부분이 유난히 활동적인 모습이라는 것이다.

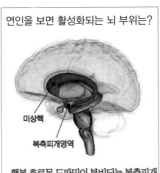

연인을 보면 활성화되는 뇌 부위는?

미상핵

복측피개영역

행복 호르몬 도파민이 분비되는 복측피개
영역과 목표 지향적 행동과 관련된 미상핵이
활성화돼요.

　사랑하는 사람의 뇌의 중심부에 있는 미상핵 부분은 활성화가 일
어나 도파민을 생산하고 분배하는 대표적 영역으로 기쁨과 행복감
과 희열을 느끼게 해 준다. 사랑에 빠지면 의욕적이 되고 행복해지
는 이유가 바로 여기에 있다. 또한 사랑하는 연인의 사진을 본 참여
자들은 뇌의 두려움, 슬픔, 공격성과 관련 있는 편도체 부분이 활성
화되지 않는다는 이 실험연구를 통해 사랑하는 사람을 떠올리면 부
정적인 정서를 없애 주고 사랑에 빠지면 슬픔이나 두려움을 덜 느끼
고 힘이 생긴다는 점을 알 수 있다.

　물론 서로가 감정의 골이 깊어지거나 서로 맞지 않는 경우 이별
할 수도 있다. 그리고 시간이 흐르면서 자신의 이상형에 맞거나 대
화가 잘 통하는 새로운 사람을 만나기도 한다. 그러나 대부분의 사
람들은 다양한 이유로 새로운 사랑을 시작하기를 두려워한다. 그리
고 간혹 지나간 사랑으로 인해 사람에 대한 불신과 함께 마음의 문
을 닫아 버리는 경우도 있다. 이러한 사람들은 자신을 다시 한 번 돌
아보고 사랑에 대한 자신의 생각을 정리할 필요가 있다.

　진정한 사랑이란 서로 힘들 땐 서로에게 위로가 되고 서로 기쁠

땐 그 기쁨을 함께 나누는 것이다. 가장 중요한 것은 나 자신을 얼마나 사랑하는지가 중요하다. 나 스스로를 사랑하는 자존감은 '나 자신을 인정하는 것'에서부터 시작한다. 나의 장점과 단점을 인지하고 나 자신이 좋아하고 잘할 수 있는 것에 자신감을 가질 수 있도록 시간을 투자하고 노력하는 과정이 반드시 필요하다. 그리고 무엇보다 중요한 것은 나 자신과의 관계에 있어 꾸준히 노력해 나가는 시간적 투자가 나의 자존감을 높여 준다.

있는 그대로의 나를 인정하고 받아들이면서도 더 나은 내가 되려고 애쓸 때, 우리는 비로소 사랑하는 상대방의 불완전함을 이해할 포용력을 가진다. 이런 과정들이 진정한 사랑을 맞이하기 위한 첫걸음이다.

나 자신을 인정하고,

나 자신에게 가끔씩 선물도 해 보고,

남과 비교하지 말고,

나에게 일어나는 작은 일에도 감사하고,

나에 대해 생각하는 시간을 최대한 많이 가진다.

"모든 상처를 치유하는 방법은
바로 나 자신을 사랑하는 것입니다."
-루이스 L.헤이-

새로운 사랑을 시작하기 두려워하지 마라. 한 번쯤 사랑을 해 본 사람이라면 누구나 새로운 사랑이 두렵다. 왜? 사랑을 경험해 봤고 슬픈 이별을 경험해 봤기 때문이다. 새로운 사랑에 대한 그 두려움을 극복하느냐, 극복하지 못하느냐는 전적으로 자기 자신에게 달린 것을 명심해야 한다.

사랑은 인간관계에서 경험할 수 있는 가장 행복하고 때로는 가장 고통스런 경험이다. 어떻게 사랑해야 하는지를 따로 배우는 것도 아니고 사람마다 사랑을 서로 다르게 받아들이기 때문에 사랑에 대한 분명한 정의는 매우 어렵다. 그러다 보니 사랑을 이상화하는 잘못된 신화(myth)로 인해 사랑이 어려움에 빠질 수 있다.

에필로그

연애와 사랑 그리고 이별. 그리고 또 다른 사랑.
누군가 그랬다. 사랑은 이별의 시작이라고……

누군가를 만나서 사랑하고 그리고 갈등과 이별을 경험하고
다시는 사랑을 하지 못할 거라는 생각에 시간을 보내다가
어느 순간 또 다른 사랑을 만나기도 한다.

인간의 공통적인 숙명은
누군가를 만나고 알아 가며 사랑하고 이별하는 것이다.
이것은 비단 대상이 사람만이 아니다.

  나를 둘러싼 모든 것이 이러한 숙명에 속한다. 이별은 누구나 아
프다. 자존심이 강한 사람일수록 그 이별이 아프다.
  에리히 프롬이 "사랑은 아름다움의 시작이 아니라 슬픔으로 가는
열차의 출발"이라고 하였듯이……

이 책을 통해 나의 연애와 사랑에 대한 가치관은 과연 누구로부터 출발하고 있는지를 다시 한번 바라보는 시간이 되기를 바란다. 또한 타인의 관점을 앞세우기보다 내가 나로서 진정으로 가치 있는 자기애를 늘 마음에 품고 누군가를 만나고 사랑하는 여러분이 되기를 진심으로 바란다.

참고문헌

권석만(2000). 인간관계 심리학. 학지사.

권석만(2022). 사랑의 심리학: 인간이 경험하는 세 종류의 사랑에 대하여. 학지사.

로버트 스턴버그 저, 류소 편(0000). 사랑의 기술. 사군자.

로버트 스턴버그 저, 류소 외 공역(2002). 사랑은 어떻게 시작하여 사라지는가. 사군자.

박충구(1996). 기독교 성 윤리의 반성과 과제(1). 기독교 사상, 39(8), 102-113.

윤가현(2016). 가까운 파트너를 상대로 한 폭력과 젠더 관계. 젠더법학, 8(1), 1-34.

Sternberg, R. J. (1986). The Triangular theory of Love. *Psychology Review, 93*, 119-135.

Sternberg, R. J. (1988). Triangulating Love. In R. J. Sternberg & M. L. Barnes(Eds.), *The Psychology*.

Sternberg, R. J. (1997). Construct Validation of a triangular love scale. *European Journal of Social Psychology*.

Sternberg, R. J. (1999). *Cupids Arrow: The Course of Love through Time*. Cambridge University.

저자 소개

(참나)

생애미션은 사람들에게 자신이 존재하는 목적
이자 본질적인 목표인 '꿈너머꿈'과 행복을 찾
고 실천하도록 디자인(교육, 상담, 코칭)하는
것이다.

신민주(Shin Min Ju)

(거짓나)

동아대학교에서 예술학 석사학위를 취득하였

고, 경성대학교에서 평생교육·인적자원개발로 박사학위를 취득하였으며,
이어 영남대학교에서 미술치료 박사학위를 취득하였다. 현재 경성대학교
교육학과 교수이자 경성대학교 진로·심리 상담센터 센터장으로 재직 중이
다. 지금까지 청소년 및 대학생들의 진로상담, 노인의 성공적 노화와 웰다
잉, 발달장애 아동의 성장을 위한 강의 등 다양한 연령층의 행복에 대한 강
연과 연구 및 상담과 진로 코칭을 수행하고 있다.

20대를 위한 연애와 사랑

몰랐던 연애심리, 알아야 할 연애기술

2024년 8월 10일 1판 1쇄 인쇄
2024년 8월 20일 1판 1쇄 발행

지은이 • 신민주
펴낸이 • 김진환
펴낸곳 • ㈜**학지사**

04031 서울특별시 마포구 양화로 15길 20 마인드월드빌딩
대표전화 • 02-330-5114   팩스 • 02-324-2345
등록번호 • 제313-2006-000265호

홈페이지 • http://www.hakjisa.co.kr
인스타그램 • https://www.instagram.com/hakjisabook

ISBN 978-89-997-3025-2 03180

정가 15,000원

출판미디어기업 **학지사**

간호보건의학출판 **학지사메디컬** www.hakjisamd.co.kr
심리검사연구소 **인싸이트** www.inpsyt.co.kr
학술논문서비스 **뉴논문** www.newnonmun.com
교육연수원 **카운피아** www.counpia.com
대학교재전자책플랫폼 **캠퍼스북** www.campusbook.co.kr